U0924371

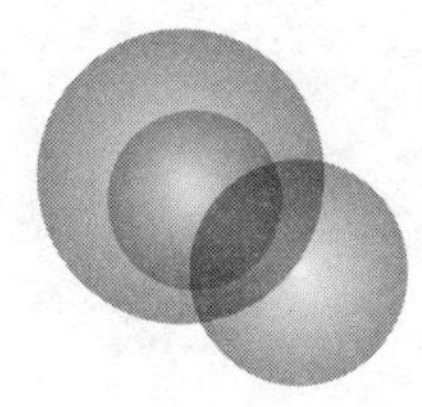

Crowdsourcing Witkey
众包与威客

黄国华　王强◎编著

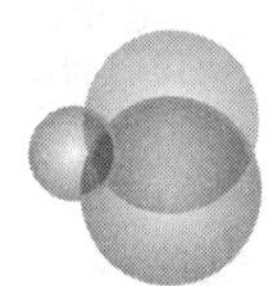

中国人民大学出版社
·北　京·

序

2005年前后，中国和美国的研究者不约而同地关注到互联网一个新的领域，这个领域不同于互联网新闻，不同于网络游戏，也不同于传统的电子商务，而是通过互联网调动群体智慧帮助企业或个人解决问题从而获得财富。在中国它叫威客，这一称谓于2005年在中国科学院研究生院诞生。

当时，我还在中国科学院研究生院。当我看到科学院里云集的专家教授时，第一反应就是如何将这些专家教授的智慧成果与企业的需求对接起来，发挥实际效用。通过研究互联网的发展历史，我们发现传统BBS的功能不断分离，产生了博客、维基百科等互联网新应用，据此推断，智力互动问答功能也必将从BBS中分离出去。同时，随着互联网支付手段的不断成熟，那些真正具有价值的知识、智慧、经验、技能也将从“免费”的逻辑中跳出来，实现其商业价值。

所以，威客模式的定义是：人的知识、智慧、经验、技能通过互联网转换成实际收益，从而达到各取所需的互联网新模式。主要应用于解决包括科学、技术、工作、生活、学习等领域的问题，体现了互联网按劳取酬和以人为中心的新理念。

一年后当中央电视台《新闻联播》报道威客网站时，众包在美国由著名的在线杂志主编杰夫·豪（Jeff Howe）第一次提出。由于2006年威客在中国得到媒体大范围报道，使得数百家网站进入这个领域。最初的威客网站运营模式以悬赏任务抽佣20%为主。悬赏模式的优势在于新闻传播性和爆炸性比较强，但最大的缺憾是仅能形成一个单方面的买方市场。

对于任务发布方来说，多个参与者提交方案，从中选取最优方案给予奖金，自然是一桩性价比极高的生意。但它的缺点是结果不稳定。即使你用很高的金额去悬赏，也不能保证最后你能获得满意的答案，同时也造成了“落选”参与者的智力浪费。尤其是在针对一些复杂度较高的任务时，这会成为优质用户参与其中的巨大障碍。

悬赏模式因为有着清晰的获利模式，让大多数威客网站经营者难以舍弃。而后来的威客网站进行了大胆的创新，取消了20%抽佣，并推出了一对一的直接雇佣模式。这大大提高了资源配置效率，是威客交易模式的重大突破，是很有价值的探索。

如今，威客网站越来越多，而且也越来越专业。因为威客平台面对的是国内外所有存在需求的企业或个人，庞大的用户群体，蕴藏着巨大的市场潜力。

未来威客网站发展空间巨大，可以进行行业延伸与发展。比如说，淘宝做了这么多年，做C2C的市场，行业带动性影响力非常大，或许给企业创造价值的并不是淘宝，而是支付宝，支付宝在淘宝上发挥了巨大的影响力及潜力。或许你最关注的是一个平台发展的某一个点，但是最终带来收益的却是从这个点延伸出来的整个体系。

其实，无论在中国还是美国，威客和众包都不是一个成熟的商业模式，并没有他人的经验可供模仿。在中国，以一品威客网和猪八戒网为代表的威客网站事实上承担了开拓者的角色。作为亲历者和研究者，我看到它们如何一步步从挫折中走向成功，建立信用体系，优化支付手段，开设威客技能空间。这诸多的创新都是过去 10 年来用心血和汗水换来的，在这里我要向网站的创建者们表达敬意。

威客和众包是互联网行业最具有活力，最具商业价值，也面临最大挑战的领域，这是因为调动亿万网民的群体智慧本身就是伟大和困难的事情。

我们还在路上，我们也坚信一旦这力量被激活，它将带来的是又一场商业和科技的革命。

刘锋

中国威客概念首创者，《互联网进化论》作者

前　言

哲学角度看众包和威客

互联网的威力印证了技术与社会关系互为推手。

互联网是一种新的技术，互联网社会则体现了新技术的兴起再一次改造了人类社会。

关于技术进步会导致社会制度的变迁，我们都熟知马克思的那句名言：“手推磨产生的是封建主的社会，蒸汽磨产生的是工业资本家的社会。”马克思关于生产力、生产关系、经济基础、上层建筑的理论，将生产力发展视为最初的动力，显然是在强调技术进步对于社会关系变革的重大意义。

人类社会生态系统的联系纽带是信息的传递。

一旦信息连接模式发生变化的时候，社会生态系统就会必然发生彻底的变化。

1959 年，美国社会学家贝尔提出了“后工业社会”的概念，此后，他在其专著《后工业社会的来临：对社会预测的一项探索》中指出：技术，特别是“新智能技术”，对于社会结构、社会关系、社会变迁具有巨大影响。

互联网实现的不仅是计算机之间的互联、人

的互联、人与物的互联（物联网），它带来的革命性的影响是思想互联。

1996 年，曼纽尔·卡斯泰尔历时 12 年创作的《网络社会的崛起》出版，提出网络社会是一种新的社会结构。

在思想互联的过程中，每个人的价值都可以得到尊重，来自不同智慧头脑中的思想可以互相碰撞、借鉴、补充、启发，从无序到有序，从散乱到集中，从微小到宏大，结果是激发出蒸汽机工业时代无法想象的社会力量，并且带来众包、威客、创客等这些全新的社会形态。

案例：李克强总理研究“创新工场”等新型创业模式，扶持“全民创新、万众创业”[①]

“创客”翻译自英文“Maker”，也可以翻译成“制者”。无论是鼓弄电动机，或是裁剪布条，还是拼接塑料片，只要是在实现自己脑子里的创意，就算“创客”。很多“创客”不图盈利，只为好玩。

“创客空间”＝车间＋艺术工作坊＋实验室，它也是创客们的交流中心。近几年兴起的“创客空间”，上承美国科技人的“车库传统”，有人称它象征了“美国制造的大众文艺复兴”。奥巴马政府在 2012 年初就宣布，之后 4 年要在 1 000 所美国学校引入配备 3D 打印机和激光切割机的“创客空间”。

“众创空间”是新的互联网时代下的创业服务机构和孵化器的代表，是创新创业者自己的家园，“创客空间”、“创业咖啡”、“创新工厂”等等都是表现形式，关键是为创新者提供开放的环境，带来视野和机会，消除障碍并打破原有框架，既能提供办公和投资人，还能作为

---

① 高博：《李克强：构建面向人人的“众创空间”，激发亿万群众创造活力》，《科技日报》。

互相交流和思维碰撞的场所，并且不局限于线下也不局限于地域。

2014 年 6 月，奥巴马在白宫举办了“Maker Faire”活动（创客展会，也称创意嘉年华）。2006 年首次举办的这类活动已经扩展到了全世界各大城市。深圳 2014 年也举办了创意嘉年华。由于深圳有齐全的机电小零件市场，所以受到世界各地“创客”的青睐。

位于深圳的“柴火创客空间”的创始人潘昊本是一位开源硬件供应商，他的客户 90%以上来自国外创客。2011 年潘昊把自己的办公室变成了公益性质的“创客空间”，希望普及“创客”文化。“每个城市都一定有些热爱发明、有想法、热爱科技的人，但没有很好的地方把他们聚集起来。我们希望‘创客’能变成一种带来快乐的生活方式，有些人去‘创客空间’，就像下班去看电影一样，去享受实现自己创意的快乐。同时，他们也有可能创业，或者将技能作为一个收入来源。”

2015 年 1 月 28 日李克强主持的国务院常务会议提出：“顺应网络时代推动大众创业、万众创新的形势，构建面向人人的‘众创空间’等创业服务平台，对于激发亿万群众创造活力，培育包括大学生在内的各类青年创新人才和创新团队，带动扩大就业，打造经济发展新的‘发动机’，具有重要意义。”

1 月 28 日的国务院常务会议，详细说明了对“创客空间”的政策支持：一要在“创客空间”、“创新工厂”等孵化模式的基础上，大力发展市场化、专业化、集成化、网络化的“众创空间”，实现创新与创业、线上与线下、孵化与投资相结合，为小微创新企业成长和个人创业提供低成本、便利化、全要素的开放式综合服务平台。二要加大政策扶持。适应“众创空间”等新型孵化机构集中办公等特点，简化登记手续，为创业企业工商注册提供便利。支持有条件的地方对“众创空间”的房租、宽带网络、公共软件等给予适当补贴，或通过盘活闲置厂房等资源提供成本较低的场所。三要完善创业投融资机制。发挥政府创投引导基金和财税政策作用，对种子期、初创期科技型中小企业给予支持，培育发展天使投资。完善互联网股权众筹融资机制，发展区域性股权交易市场，鼓励金融机构开发科技融资担保、知识产权质押等产品和服务。四要打造良好创业创新生态环境。健全创业辅导指导制度，支持举办创业训练营、创业创新大赛等活动，培育创客文化，让创业创新蔚然成风。

“众创空间”引起国务院及李克强总理高度重视的背景是中国正处在从模仿到创新的转变期。中国作为目前全球最大的经济体之一，如同第二次世界大战之后众多的创新在美国这个创新的温床中诞生一样，为了满足全球最大的消费群体，本土化的、基于中国人的创新，以及由此适用于全球的创新势必会大量发生。

不过，目前“创客空间”的地域发展还不平衡，很多城市缺少基础的创客创新设施。二三线城市的“创客空间”和创客，尽管有的拥有与一线城市相近的技术能力，但是由于缺乏以北京和深圳为代表的一线城市的视野和机会，导致创新遇到瓶颈。

这就给通过网络创业的威客平台和广大威客们创造了机会。

管理理论中的学习型组织理论，已经从只限于企业内部的知识、智慧分享，进化到了全球范围、打破企业之间壁垒的智慧交换、分享。学习型组织理论强调每个人都可以在这样的组织里感受到自己生命的意义和价值，但是如果不幸你所在的公司不是学习型组织怎么办？难道只能像富士康的员工那样跳楼？在“群体创造”的“众包”级学习型组织时代，哪怕你遇到的公司不是学习型企业，你的老板不是学习型老板，你照样有自己的活路——当威客。

互联网在同一个平台上可以联系几乎所有个体，网络百万、千万倍地扩展了个体的交往范围和交往空间。网络给个体带来了极大的社会便利和自由行动空间。所以，对于上网者而言，个体化的社会倾向更加凸显。再加上我国的独生子女政策，家庭规模小型化，人们面对面的直接交往变得更少了。由于有了网络的便利条件，生活中的一切都可以依赖于网络，也可以说是形成了一种网络化、数字化的生存模式，于是，人们变得更加愿意待在家里。“宅男”、“宅女”成为新的流行称谓。所有这些，造成了“个体主义”盛行的局面。

网络上的互动具有平等和自由的特征，更具有多通道的特征，呈现“多点对多点”的全新模式。

有了互联网，我们的地球开始变得更像一个大脑。每个人都是大脑中的一个神经元，网络线则是联结这些神经元之间的神经。

在蒸汽机工业时代，人们重视物质产品的生产。财富的体现往往是物质。

在互联网时代，人们越来越重视思想产品的生产，脑力劳动者在社会人口中的比例越来越高。幸福的分量开始超过物质、金钱财富的分量。而幸福本身就是一个精神层面、思想层面上的主观概念。

当然，重视思想、精神、幸福，是在基本的物质需求已经得到满足的基础上。最典型的例子就是奴隶社会，奴隶在自己的温饱还得不到保证的时候，绝对不会有兴趣去研究物理和哲学；那时的哲学家基本都是奴隶主。

群体创造、众包、威客这样的价值创造形式，依靠的是人对美好世界的最为本源的追求，也就是他们的兴趣、爱好。

1835 年马克思写的中学毕业论文《青年在选择职业时的考虑》中，表达了愿为全人类服务的决心和自己独立进行创造的抱负：“在选择职业时，我们应该遵循的主要指针是人类的幸福和我们自身的完美。人们只有为同时代人的完美、为他们的幸福而工作，才能使自己也达到完美。如果一个人只为自己劳动，他也许能够成为著名学者、大哲人、卓越诗人，然而他永远不能成为完美无疵的伟大人物。历史承认那些为共同目标劳动因而自己变得高尚的人是伟大人物，经验赞美那些为大多数人带来幸福的人是最幸福的人。能给人以尊严的只有这样的职业，在从事这种职业时我们不是作为奴隶般的工具，而是在自己的领域内独立地进行创造。”（《马克思恩格斯全集》第 40 卷第 7、6 页）虽然我们达不到马克思的境界，但是马克思对自己职业生涯的选择仍然值得我们学习借鉴。马克思其实就是一名威客。他没有在任何单位就业或自己创业当老板，他依靠写书、写文章投稿给报纸、杂志赚取稿费版税谋生。

1937 年，新制度经济学家罗纳德·哈里·科斯在其成名作《企业的性质》一文中回答了“公司为什么会存在”这个问题，他认为公司的价值在于将时间、争论、混乱和错误等“交易成本”最小化。但是，半个世纪后，太阳计算机公司的创始人之一比尔·乔伊却对此提出了质疑，他发现：“不管你是谁，大部分聪明的人实际上都在为他人工作。”换言之，为了降低“交易成本”，公司并没有雇用最聪明的人，而是选择了那些更合适的人选，这被称为“乔伊法则”。

而今，开放的虚拟世界为破解“乔伊法则”提供了条件。每一个“聪明人”都可以在这个世界舞台上施展拳脚，同时，无数个体叠加在一起，又会产生 1＋1＞2 的效果。在《维基经济学：大规模协作如何改变一切》一书中，有“数字经济之父”美誉的新经济学家唐·泰普斯科特告诉我们：“世界就是你的研发部。”维基百科网站的巨大成功，揭示了未来世界的四个新法则——开放、对等、共享以及全球运作。这些精神法则，将会深刻影响未来的教育、制造、休闲娱乐，并借此改变我们个人生活的方方面面。

独立设计师于惋宁跟一些新锐设计师朋友创建了一个名为“Fashion Now”的平台，模仿世界四大时装周的样子，分为春夏、秋冬两个时装季进行新品系列发布。今年 10 月，他们的第三季发布，已经在圈内圈外出了名，成员之一的朱威特感慨他们遇到了一个好时代："全世界的年轻设计师变得越来越相似，国别的差异越来越小，更容易产生共鸣了。我们现在需要了解的是，中国正在发生的事情，在这方面大有可为。"①

个体能量在我们这个时代得以放大。依托越来越便捷的科技，我们要比以往更容易实现自己的梦想，更容易成为自己生活的主宰者。

① 以上三段文字引用自：《2014 年度生活方式》，《三联生活周刊》，2014（46）。

目 录

01

集体智慧变现商业价值

网络让你更聪明还是更笨

这个问题可能会让你觉得奇怪。通常，人们都觉得网络让人变得聪明了，原始社会就根本没有网络。对于人类来说，笔者也认为网络的出现绝对使人类变得更加富有智慧、更加聪明。但是具体到个人头上的时候，这个问题的答案似乎就变得不再唯一了。

最近经常听到那些 60 后、70 后抱怨（当然这些人群中不包括笔者在内。虽然笔者身体年龄是 70 后，但是心理年龄则相当于 80 后、90 后)，80 后和 90 后的年轻人总是不教不会，也不懂得自己学习，而那些年轻的 90 后朋友和同事又抱怨职场上缺乏指导和指引。这种世代间的矛盾，很大程度上是因为大家获取知识的方式因为互联网而发生了改变。

那些曾经在没有互联网的时代生活和学习过较长时间的人，会发现他们在接触新事物前，多数显得比较谨慎。他们是在一个纸本阅读的时代成长起来的，得到一个新的器材，首先要阅读说明书，然后自己慢慢摸索，碰到问题时才问人。笔者的一位师兄曾经讲他刚进入职场的时候，单位领导把进口仪器交给他操作使用，但是却故意不把说明书交给他。师兄去问上司要的时候，上司回答说："你不是清华大学毕业的吗？应该什么都知道啊！还要说明书干什么？"当时师兄就惊呆了。当然，如果是换一个时间点，比如现在进入职场的90后如果遇到同样的场景，这个问题还会难住他们吗？估计不会难住他们了。他们可以有三种选择。

第一种选择是：跟这种奇葩领导说拜拜，跳槽或自己去创业。

第二种选择是：请一位心理咨询师给上司做一下心理分析加治疗，说服上司克服自己的心理障碍，主动把仪器说明书交出来。

第三种选择是：忍气吞声去网络上搜索一下这个进口仪器的使用说明书，即便生产制造企业没在网上挂出来，或许也会有其他使用者把这个使用说明书的电子版挂在哪个分享网站上了。现成的即便没搜索到，起码可以在威客网站上发布一个悬赏，哪位好人愿意提供该仪器的说明书，你可以支付他一笔赏金。

除此之外，也许你会有其他更好的第四种处理办法：……不妨发邮件给本书作者。如果确实可行，本书再版时就会把你想出的办法补充进去。

从前面所讲的这个真实的职场故事可以看到：在互联网普及和搜索引擎发达环境下成长的80后、90后这代人不会被奇葩上级的古怪做法难住。一旦遇到什么不会用的东西，他们马上会想到去网络上搜寻资料，或者去社交网站上求助。

他们会非常快速地在网络上找到答案，他们的联想能力也很强。他们可以从网上或手机端快速阅读很多信息，包括别人整理出的名著新书读书笔记、经典佳句，还有各种各样容易阅读的"懒人包式"文章，比如"10个你不能不知道的FTA关键词"、"30分钟内成为iPhone 6达人"等。所以，很多人倾向于不记忆，或者把头脑的记忆功能"外包"给云端。

但是这代人的弱点是：碰到硬知识和硬技术的东西，他们往往难以掌握。时代的特性，确实让这代人比较不能耐着性子摸索和学习。

然而，学习深刻阅读和记忆，是一种必要技能，在任何情况下，都应该把握和珍惜。

以新闻工作来说，新闻界很重视记者的“机构记忆”，就是能记得关键事件、人物，包括处理方式、事后分析等等。这方面记忆深刻的话，在采访的时候可以追问更深入的问题，获取更多资料，在写报道时内容也更丰富，更能反映出记者的知识面和见地，让读者阅读起来收获更多。

网络时代使得智慧者的定义不是其脑袋里储存的知识多的人（在互联网的时代，人们记住的是可以从哪里得到信息，而不是记住信息的内容。网络是人们“交换记忆”的一种形式，人们把自己经历过的事情放在网上，别人需要这些经验的时候就上网自取，所以知识汲取和记忆储存不必靠自己的脑袋，都可以通过外部协助完成），而是能够对网络上搜索不到现成答案的问题想出解决方法的人——说着说着又说到威客去了，虽然你现在或许还不清楚威客是什么。

案例：学术大师钱钟书为何被同行批评?①

钱钟书的名气主要源自其学养博雅，按他自己的话说：“西方的大经大典，我算是都读过了。”

世间人物对钱钟书的赞赏也主要是因为其“博闻强记”。典型的赞誉来自他的清华同学“二乔”——乔冠华、胡乔木。乔冠华说：“钟书的脑袋不知是怎么生的，过目不忘，真是 photographic memory（照相式记忆）。”胡乔木则说：“同钟书谈话是一大乐趣，但是他一忽儿法文，

① http：//xiaosanza. blog. 21ccom. net/？ p=126.

一忽儿德文，又是意大利文，又是拉丁文，我实在听不懂。”

其实钱钟书本来并不重视博闻强记，后来之所以重视，是受了宣统皇帝的英文教师庄士敦的刺激。钱年轻时在牛津读书，庄士敦对他的论文提出过批评，说是引据不全，又不是原始出典。“我以前哪里懂得这个，以后就注意了。”

倪润峰年轻时是长虹厂研究所所长，中干们开会的时候他喜欢大发议论，就有老同志批评他“你得拿数据说话”，搞得他相当没面子。从此后，他苦记数据，长虹每一款产品具体的进销存，他都记得比仓储中心主任还准。

但难道仅仅靠博闻强记，钱钟书就配被尊为学术大师吗?

好在在一片赞誉声中，还真有人敢对他略露微词，而这几个人既不是嫉妒他，也不是无名鼠辈，更不是不服他的渊博。他们只是惋惜钱钟书长于渊博而止于渊博而已。

在当今海内外华人学者中，余英时被公认为是“人中龙凤”，可见学界对其学术水平之推崇。

余英时是钱穆的学生，钱钟书与钱穆都出于无锡钱氏，同谱而不同支，故余英时与钱钟书也算是有些渊源。余英时访问大陆时曾拜会钱钟书，钱钟书给他留下了深刻印象，相互之间评价也很高。不过，后来在评论钱钟书的学问时，余英时的看法是，钱钟书是“一地散钱——都有价值，但面值都不大”。

李泽厚与钱钟书曾为社科院同事，当然钱是李的前辈。钱、李曾在任继愈家里见过面，钱还曾给李写过信。李泽厚对钱钟书的评论概括起来是“买椟还珠”四个字。具体来讲，就是“我问过推崇他的人，钱钟书到底**提出了什么东西？解决了什么问题？有长久价值的。大家**

大都讲不出来。我认为这就是问题所在。好像这个‘杯子’，他可以讲出许多英文的、德文的、西班牙文的、意大利文的、拉丁文的典故。‘杯子’在宋代、明代，中国、外国怎么讲，那是很多。不过这个工作，到电脑出来，就可以代替，电脑记得更全。所以博闻强记就不能成为一种标准。他读了那么多书，却只得了些零碎成果，所以我说他买椟还珠，没有擦出一些灿烂的明珠来永照千古，太可惜了”。

上面说到任继愈，任是李泽厚的老师，任对钱钟书的评价最有意思，就两个字“自私”。为什么？因为任继愈认为，钱钟书的学问是老师教的，应该把它回馈给社会，而他一个学生都不带，所以叫他自私。

如果说余英时对钱钟书的评价充满历史感，李泽厚对钱钟书的评价重在思想力，那么任继愈这个看问题的角度确实独特。

莎士比亚曾经讲过一句话，我们很多人愿意去模仿，从孩提时代就咿呀学语去模仿父母的话，没有模仿就没有我们这样一个社会，但是光有模仿是不够的，不管是否存在从众心理，最终这样一种模仿不能够给我们真正带来一个好的结果，所以当你忙于模仿别人的时候，要抽身出来看看有没有更好的方向。

有时你太沉迷于一种竞争或者一种身份的确认，在竞争当中你迷失了自己之后，你就不知道怎么样去寻找更有价值的东西，这是我们不断要去思考的一个问题，当你像发疯一样跟别人竞争的时候，当然最后失败是不好的，但是即使你赢得了那个竞争，可能你赢得的那场竞争对你来说也是一种诅咒。

基辛格在哈佛大学做哲学教授，在哈佛大学哲学系的教授同事曾跟基辛格讲过，他只看到外交、军事领域的战争多么的残酷，其实学术界的竞争比外交和军事领域的竞争、战争要残酷得多。所以大学里面的天才般的教授看上去好像很成功，其实这种非常恶性的竞争使他们迷失了自己，使他们没有能力或者没有精力发现更加有价值的东西，所以有的时候竞争过于激烈，往往可能使你会失去更多的东西。

需要警惕对于通过网络获取知识的迷信。网络鼓励人们，用打游击的方式，到处搜集碎片资讯，同时也不断被其他东西干扰。互联网和移动互联网上的微博、微信给大家带来便利之余，牺牲了人们深度思考和阅读的能力，让人们的思考变得肤浅和功利。

有质感的书籍，让我们集中注意力，促成有深度又有创造力的思考。祝贺你正在阅读本书，希望你可以读完。

对于“互联网或者搜寻引擎究竟让人变笨还是变聪明”的问题，每个人都会有自己的回答。只要你合理地使用这些工具，相信它们会让你变聪明。比如史玉柱开发出网络游戏，为自己创造巨大的财富；但是百万、千万正在玩史玉柱开发的网络游戏的人，则是在为开发者送去财富。

无论在威客网站上当雇主还是当威客，其实都是在通过网络赚钱或者寻找解决方案。大家都是智慧的人。

小米让用户参与设计

互联网思维正在对中国企业的营销、组织和战略等各个层面进行改造，进而重塑中国的生产模式。

截止2013年9月，小米手机正式发售了11个月的小米2（包含小米2A和2S）销量突破1 000万台，2013年上半年销量703万，MIUI用户超过2 000万，预计小米手机全年销售约1 800万台，销售额约300亿元左右。

雷军更看重两个数据，一是手机产品的销售额，300亿元超过联想、华为等大公司的手机产品销售额，成为国产手机销售额第一；二是客户端活跃度高于其他国产手机，与三星并行在排行榜上。

小米手机成功总的说来包括两个层面，一是极致的产品体验，靠“铁人三项”——“软件＋硬件＋互联网”；二是互联网驱动，包括营销互联网化、渠道互联网化、供应链管理互联网化。在产品策略上，小米不搞机海，而是将少数几款产品的用户体验做到极致，大力搭建粉丝网络，在产品研发、生产和销售的全过程积极倾听和吸纳粉丝的意见；小米手机价格恰到好处——它足够便宜，让目标受众的大部分人都能买得起，又足够贵，让人们知道它并非一文不值；在渠道上，大多采用直达用户的互联网直销模式，快速将线上需求变现，零距离贴近用户；在营销上，实时监测用户反馈，引导粉丝成为产品和品牌的代言人。同时，将线上互动导引到线下，通过举办丰富的线下活动进一步固化粉丝关系，引发更多的线上交流。

2009年，雷军二次创业成立小米，第一个产品是MIUI操作系统。如何不花钱拉到用户？唯一的办法就是在论坛做口碑。黎万强带领团队泡论坛、灌水、发广告、寻找资深用户。黎万强从最初的1 000个人中选出100个作为超级用户，参与MIUI的设计、研发、反馈。这100人成为MIUI操作系统的“星星之火”，也是最初的米粉。后来做手机，小米走的是同样的路子。在“零预算”的前提下，黎万强建立起小米手机的论坛，成为米粉的大本营。

目前小米论坛注册用户已经超过1 000万。**在小米论坛上，米粉参与调研、产品开发、测试、传播、营销、公关等多个环节。**米粉中重复购买2～4台手机的用户占42％。

不同社区渠道有明确的分工，微博拉新、论坛沉淀、微信客服。微博的强传播性适合在大范围人群中做快速感染、传播，获取新的用户；论坛适合沉淀、持续维护式的内容运营，保持已有用户的活跃度；而微信则是一个超级客服平台。

小米论坛目前注册用户已经超过 1 000 万，每天有 100 万用户在里面讨论，日发帖量有 20 多万，小米手机的微博账号已经有 200 多万粉丝；微信账号订阅数是 256 万，每天在微信上的用户互动信息有 3 万多条。

小米新近进入了 QQ 空间，小米认证账号的粉丝数超过了 1 000 万，小米公司在 QQ 空间做活动时，很容易产生几万转发。

天猫双 11 当天，5 万部小米盒子 13 钟内全部被抢空，11 万部小米 3 手机 2 分钟内全部被抢空，单店销售额 5.53 亿元，创造了“单店破亿速度第一、手机类单店销售额第一、手机品牌关注度第一”的成绩。

用户的参与感通过什么形式产生？小米的方法通常是两种：话题和活动。

在小米论坛上，用户可以决定产品的创新方向或者功能的增减，下一周的周二，小米会根据用户对新功能的投票产生上周做得最好的项目，然后给员工颁发“爆米花奖”。

众多米粉参与讨论产品功能，以帮助团队在下一个版本中对产品做改进。这种将员工奖惩直接与用户体验与反馈挂钩的完整体系，确保员工的所有驱动不是基于大项目组或者老板的个人爱好，而是用户的反馈。

这个活动已经持续了 3 年多。在整个产品开发过程中，无须小米主动引导，很多核心用户能够很清楚地知道手机的电话功能是哪位工程师做的，短信某个功能是谁做的，做得好的时候会说“牛”，做得不好的时候就说“滚”。

“并行模式、全产品周期参与”正是小米的秘诀：小米公司、米粉、小米供应商、小米电商（xiaomi. com）、小米售后全程参与小米手机的所有环节，各个环节的各个参与者高频度互动、高度参与。

用户是互联网思维的核心，所有的创新都必须建立在有效满足用户的需求之上。

互联网思维下的新组织模式

让我们先对曾经存在过的组织模式进行一次快速回顾，再来探求互联网思维下究竟需要怎样的组织模式。这样的顺序将会有助于你理解众包和威客为什么会应运而生。

管理大师彼得·德鲁克曾从成员的角色上总结过组织的模式，他认为组织不外乎三种模式：一种是棒球型的，一种是足球型的，一种是羽毛球型的。棒球型的模式下，每个人位置定得明确，足球型的则只定义角色的大致范围，羽毛球型的则要求更多的主动性。

从 CEO 的角色上可以进一步观察组织模式，之前有人用漫画的方式把 Amazon 画成严格的金字塔结构，杰夫·贝佐斯在最上层，下面一层层分解；微软则是在一个 CEO 下分成数个小的组织，彼此间拿枪对射；苹果是中心一个太阳（乔布斯时代），周围全是被照射到的地方，乔布斯哪里都管；Facebook 被画成了网状，彻底去中心化；Google 是上层还能看出金字塔结构，在中下层基本是网状。

从去中心化程度的视角可以看到另外一些模式。一个极端是苹果，乔布斯时代的苹果是极度的中央控制，所有团队围绕在产品的周围，由乔布斯进行调度；比较靠中间的则是起于通用汽车的事业部制，分权之后不同的事业部具有更多的独立性；紧靠另一端的则是研究型组织，曾经有一张照片上全是顶级物理学家，如爱因斯坦、波尔、薛定谔等，想象一下如果一个研究室里全是这样的人，那组织结构应该是什么样子？声势浩大的开源运动极其偏向于研究室这种类型。

上面列举了一些曾经有过的组织模式。那么最关键的问题来了，哪种才是适合互联网这个时代的组织模式呢?

哪里有注意力哪里就有钱

一旦普遍开始“肉搏”，要想更好地争夺注意力，那最适合的组织其实是乔布斯式组织。

当依赖纯粹功能叠加出产品的时代过去了之后，产品或社群里面将被注入品味、情怀这类东西，而这类东西的统一和协调需要一个灵魂，灵魂是不能拼凑的。

我们可以虚化一些东西，比如产品上的发烧、情怀、极简主义，社群上的真实平等，但只有当有人真的相信这些东西并身体力行，这些虚化的东西才能获得第一推动，才可能具有生命力，才能走到现实里来具体化成我们能看到的产品和社群。这是产品与社群的灵魂。

这类偏精神的东西又必须与专业与现实相平衡。作为结果，就要求在这个人周围要围绕另一批理念趋同，但具有专业知识的人，所谓专业知识，可以是技术、财务、产品、营销等等。最终结果就是一个人在中心把握着产品或者社群的灵魂，外围有认知趋同、具有专业知识的人与他一起构成一个核心。与此相配合，则要尽可能缩减团队的规模，控制团队工作内容的边界（利用外包、开源等）。否则当团队膨胀到一定程度后，就必须要分权，而一旦分权过多，这种品味或者精神上的协调就变得艰难。这种精神气质的完整性应该是第一位的。

企业管理者必须了解在群体创造过程中需要充分的分权，由仅局限于企业内部的价值创造方法演变成与其客户、用户群体、供应商、合作伙伴以及员工团队积极互动的集体价值创造的方法。

如果想在意识空间里抢占制高点，就要尽可能具有利用互联网特质的做法，相信这是面向未来的组织结构。在这种结构上，对于精神气质品味这类虚化的东西要独裁，对于专业知识则要尊重，对于复杂问题的决策则要民主。

从创新角度而言，传统的理念认为企业自上而下地控制着创新流程；而本书的众包理念则是认为：创新应该作为一个公平平台，积极发挥企业内部和外部不同群体的力量共同为企业创造价值。公司的墙壁越来越趋于虚化，公司员工越来越像自由人，大家的幸福指数越来越高。

02

什么是众包

众包概念的出现

互联网给每个人进行“民主生产”的机会，每一个具有独树一帜个性或才能的人都可以通过互联网蓄积个人的资源池，根据需要将聚集起来的资源进行动态组合和生产，从而让自己成为一名创业者或者直接成为老板。

每一个人都有可能开创一个独特的、具有自我代谢和进化能力的、价值完满的小生态环境。

当互联网以社区的方式自由地聚合不同兴趣群体参与生产时，就意味着一种新的开放价值链的形成——众包（crowd sourcing）。

众包的字面意义可以直接被解释成“从大众那里寻找资源”。它指的是一个公司或机构**把过去由员工执行的工作任务，以自由自愿的形式外包给非特定的（而且通常是大型的）大众群体的做法。**

众包的任务通常是由个人来承担，但如果涉及需要多人协作完成的任务，也有可能以依靠开源的个体生产的形式出现。所以众包的另外一个定义是“开源的思想在软件之外领域的应用”。

如果一个公司可以在自己内部解决掉自己遇到的所有问题，那它就不需要众包。不过似乎世界上还没有发现这么一个可以自己内部解决掉企业所有问题的公司。甚至连一个可以在自己内部解决掉自己遇到的所有问题的国家都难以找到。

正是因为企业内部的知识和经验不能解决企业所遇到的全部问题，所以，众包就必然会出现。以“群体创造”为特征的众包方法可以帮助企业在组织**内外各个层面**集思广益解决问题。

在美国《连线》杂志 2006 年的 6 月刊上，该杂志的记者杰夫·豪首次推出了众包的概念（不过，从提出时间看，美国人提出的众包概念比 2005 年在中国诞生的威客概念晚了一年）。

众包植根于一个平等主义原则：每个人都拥有对别人有价值的知识或才华。众包作为桥梁将“我”和“他人”联系起来。

《众包》[①]

众包缘起于互联网，当一些公司在网络上公开其产品源代码时，这些产品却意外地得到了大众创意的改进，这些免费的群体智慧促进了商业的飞速发展。

众包的事例比比皆是：从维基百科的诞生到 2.8 万人通过互联网集资购买低迷中的英国艾贝斯费特联足球俱乐部……众包不仅是一种商业可能，更是商业的未来模式。

大众创意的产品已经超越世界顶尖公司创造出的最好产品。

众包还提供了一种假设：人人都是艺术家、科学家、建筑师、设计师……它使人释放出无限潜力，使每一个人得以在不止一种职业上追求卓越。

---

① ［美］杰夫·豪：《众包》，北京，中信出版社，2011。

越来越多的公司正在认识到它的重要价值：IBM 投入 10 亿美元开发众包模型、宝洁组织 14 万名科学家成立“创新中心”，利用众包解决所有员工遭遇的技术难题。

该书提出了**“众包十大法则”**：

1. 选择正确的模式。

(1) 集体智慧/大众智慧

(2) 大众创造

(3) 大众投票

(4) 大众集资

2. 选择合适的大众（并不是所有的用户都能帮到你）。

3. 提供恰当的激励（网友也不是傻子，凭什么白给你干活）。

4. 别急着炒人（并不是说有了众包了，就不需要员工了）。

5. 大众的沉默或者仁慈的独裁者原则（光有大众还不行，还要有高瞻远瞩的团队领导者）。

6. 保持简单，将工作分解（不是大家懒，是大家比较忙）。

7. 牢记史特金定律（90%的事情是垃圾，真正的人才永远都是稀缺品）。

8. 牢记 10%，对抗史特金定律（剩下的 10%帮我们去伪存真，帮我们找到精华）。

9. 社区永远是对的。

10. 不要想我们能从大众取得什么，要想我们能为大众带来什么。

该书中有一些精华的观点：

● 互联网在生产力上的两个先进之处：一是网络的有机互联，映射为平台资源共享；二是节点的多元灵活，映射为个体的多样化创新。

- 众包是外包的扩展。
- 众包应用“集体智能”的三种方式：一是预测市场；二是解决问题；三是汇集创意。
- 用户参与创意提出、创意的筛选、反馈和优化、新产品的市场预测、网络自发营销。
- 用户既是生产者又是消费者，是创意的选择者和传播者。
- 集思广益：众包利用网络将人们的空余生产力组织起来（包括时间、资源、创意等）。
- 众包可以发掘用户的兴趣，让用户做自己想做的事情，以成就感、快乐、金钱和游戏等回馈他们。
- 几乎所有的众包项目都具有两种共同的属性：一是参与者并不是冲着钱来的①；二是他们贡献的是业余时间。

众包系统的环境：

- 生产者：业余爱好者，以专业标准工作的业务爱好者。
- 互联网让业余者与专业者之间的知识壁垒被打破，知识差距在缩小。
- 兴趣是众包参与进来的共同原因之一。一方面，众包以全世界的人才为基础，互联网消除了参与障碍，提供了获得大量智力资源的入口。另一方面，众包不关注专业资格，崇拜能者为王，业余代表着思维没有束缚，更加有创新精神②。

---

① 西方的众包理论在与中国国情相结合之后就是具有中国特色的威客：参与者大部分是冲着钱来的；已经存在很多全时的威客，作为自由人，他们已经难以用“上班时间”和“业余时间”的概念来划分自己的时间。

② 笔者之一王强博士在这方面有切身体会。他作为一名清华电机专业的博士，相对政府管理创新专业领域，他本来是属于“业余人士”。但是因为“思维没有束缚、更加具有创新精神”，他在 2002 年出版的《学习型政府——政府管理创新读本》一书在该领域文献里被引用频次排第 6 位。

● 将劳动分解成小零件，或者单元，这是众包的特征之一。个人力量是有限的，比起最具才华最专业的员工，数量庞大而多样化的劳动力群体能提出更好的解决方案。

● 互联网的普及以及廉价的工具让生产民主化、教育民主化，知识的获得更加容易，大众群体因为互联网，变得更加的聪明，吸收到更多的知识。互联网的存在使得产品的发布成本近似为零。零营销成本的网络口碑成为一种市场的推广战略，远胜于销售战略。

● 营销和宣传：众包系统是天然的营销和宣传渠道，海量用户的选择和筛选决定什么应该是热门和畅销产品。

● 众包体现在共享与创造之中，前者属于网络的互联特性，后者代表了网络的节点特性。

推荐阅读

《众包 2——群体创造的力量》①

苹果运用群体创造提高了创新的速度，扩大了创新的规模，两年内为它的应用程序商店合伙开发人赚取了十亿多美元利润，在市场价值方面甚至都超过了微软；星巴克推出了在线平台 mystarbucksidea.com 来挖掘消费者的创意，快速高效地完成了转型；联合利华利用群体创造重新设计了生产线（比如夏士莲洗发水），重振了业绩增长；耐克通过群体创造取得了举世瞩目的成绩，这个计划让一百多万参与者能够彼此互动，并与公司互动，实施计划的第一年就增加了 10%的市场份额。

企业究竟如何做到群体创造?

① ［美］文卡特·拉马斯瓦米，佛朗西斯·高哈特：《众包 2——群体创造的力量》，北京，中信出版社，2011。

群体创造包括重新定义企业和个人的互动（个人包括消费者、企业员工、供应商、合伙人和其他利益相关者），让他们投入到价值创造的过程当中，感受多种体验，并制定新的突破性战略，设计有趣的新产品和服务，改变管理流程，降低风险和成本，增加市场份额、忠诚度和回报。

该书中提到了许多世界一流企业运作群体创造的详尽实例，让你明白企业如何利用各类“参与平台”、如何重建内部管理流程，以便发挥出群体创造的力量。

该书中的一些精华观点摘录：

1. 群体创造的企业遵循一个简单的原则：它们注重所有顾客和利益相关者的体验，而这种体验源自与产品、企业流程以及人的互动。群体创造的企业通过参与平台与众多参与者共同设计上述互动。新的体验和体验带来的经济效益就是这一过程结出的丰硕成果，而参与平台就像是孕育果实的树木。

2. 群体创造有三个同等重要的因素，它们是：参与平台、人的体验以及与个体群体创造的协作过程。

3. 参与平台的形式可以是现场会议、网站、零售商店、手机、客服中心、私人社区空间、开放社区空间等。相对于技术来说，推动参与过程的理念更加重要。某些网站拥有最先进的技术，但仍以企业为中心。比较之下，面对面的会议反而有更高的群体创造性。要向群体创造的模式过渡，需要技术方面的支持，因为大规模的人与人之间的互动需要很高的成本。

4. 人的体验源自人与人之间的交流互动。如果管理者把体验当做价值的基础，就会按照群体创造的模式设计企业的产品、流程、管理职能，以改变互动的性质，使体验变得有意义、有价值。管理者需要采纳一种体验思维模式，而不能像以往那样只注重产品和服务。

5. 由于体验的价值在不同情况下对不同人是不一样的，企业必须和个体一起创造群体价值，包括顾客和其他外部利益相关者，还有企业员工和其他内部参与者。群体创造能产生巨大力量，其源泉是一个综合体，它集合了参与平台、人性体验和一个集深度见解、知识、技术和创新于一体的协作过程，而在这整个过程中，每个要素都得到了相应的价值。

6. 人们常用的“用户”这一术语限制了人们潜在的创造性作用，同时也限制了个人体验的重要意义。管理者通常使用“用户”一词，这也加强了他们的一种思维定式，那就是“以企业、产品为中心”，而非“以人为本、以体验为中心”。而后者才是群体创造的根本。

7. 价值链中的各方参与者共同创造、改善、提供新的产品和服务，往往要借助于一个“节点企业”的领导力和执行能力。企业的商业网络中的各方要参与到各式各样的交流互动之中。群体创造性的互动会为提高商业网络中的共同价值开辟新的道路。

8. 要想在企业生态系统中通过群体创造获得最大收益，就需要构建参与平台，让多种多样的参与者能够轻而易举地加入参与平台之中。“节点企业”在这些平台的设计中扮演了不可或缺的领导作用。将不同参与平台的体验持续不断地联系在一起，将会释放出各种不同的共同价值。

9. 所有的利益相关者都要有发言权，也要获得利益。所谓“多赢”战略是和他人一道创造出更大的价值，而“群体创造”模式的本质正是“多赢”，群体创造会为企业创造更大的经济效益，同时也降低社会风险。

10. 企业领袖必须使各方参与者能够参与到复杂问题的解决过程之中，设定广泛的主题和支持计划，鼓励实施群体创造的战略。支持计划和项目要在企业和与企业息息相关的人群之间展开，他们是顾客、企业员工、合作伙伴，以及其他利益相关者，而他们也会为企业带来创意，赢得效益。

11. 企业越来越需要将自身重新定位，脱离“单一公司的业绩表现”的模式，向“基于整个社会生态系统的业绩管理体系”转变。通过参与平台，众多利益相关者可以群体创造出“共同业绩模式”。

12. 如果企业将个人置于管理流程的中心位置，那么重要的个体和公司就可以群体创造出个人业绩计分卡。个人的目标可以“自下而上”地融入企业的整体计分卡之中，最终形成一个群体创造的业绩管理系统①。

13. 跨越传统界限，学习、培养、分享和运用知识，这种组织能力将会是企业一项重要的群体创造能力，这对企业的战略性风险管理至关重要。

14. 企业要想群体创造出独特的顾客体验，就必须在企业内部群体创造出独特的员工体验。企业内部管理的群体创造必须对顾客参与发挥支持作用。外部价值的群体创造和企业内部管理的群体创造，这两者之间的联系会为企业带来持续和弹性增长。

15. 政府治理也必须向着群体创造的方向发展，齐心协力，公开透明，扩大共同参与、建立共识、创造联合的解决方案。政府逐渐脱离“单向”体制，不再单纯地把法律强加给公民，为公民提供服

① 日本经营之圣稻盛和夫所发明的“阿米巴经营”就是最好的案例。

务，而是朝着群体创造的体系迈进，在这里公民、公司、公民组织可以一起创造共同价值。公私之间的群体创造是政府的有形之手和市场的无形之手之间的平衡点，也能实现公民对反应更加迅速的政府的期望。

创意需求爆发，催生众包模式

众包模式得以发展的一个重要原因是业余爱好者的增加（Howe，2008）。以前只有少数人掌握的技术（如图像设计软件和摄影技术），随着技术的普及和教育水平的提高，现在被普通的大众所掌握，因此，业余爱好者越来越多。业余爱好者参与到众包平台，可以获取一定的报酬，但多数参与人员不是奔着金钱而来，他们自愿地在社区中贡献出自己的休息时间，沉浸在自己喜爱的事情中。比如，在 Threadless 有很多业余爱好者，他们不仅有可能在该社区获得奖金，而且可以提高其设计技能，甚至获得工作机会；此外，他们还可以在该社区中与其他设计人员沟通并建立友谊。

众包模式可以将用户纳入产品的生产过程中，这能够加速产品的生产过程，而且成本较低（Howe，2008）。Howe（2008）认为以前生产厂家和消费者的角色很清晰，但互联网和众包模式的出现模糊了二者的界限。比如，Threadless 在 T 恤的生产过程中，社区用户全程参与 T 恤的设计、改进和评价筛选。应用众包模式，Threadless 能以较低的价格获得多样的 T 恤设计，每天大约有 300 个 T 恤设计图案，这大大缩短了生产 T 恤的时间，同时也降低了 T 恤设计的成本。

众包是一种个人隐性知识的社区生产，能够以最低成本、最大限度地保持个体的独立性和原创性。

众包在基于知识生产的基础上形成了一个创意经济体系，在一个全方位开放的价值网络中，知识可以充分自由地流转，可以直接在客户需求的引导下完成商品化。

众包是基于一个知识价值网络的服务体系。众包是知识的外包。众包也是新的利益网络的集结。这种网络与制造业时代企业或行业的专属网络不同，它是多元交叉的，具有高增值的特点。建立在互联网社区之上的商业价值网络的价值触发点来自市场或终端。这和位于价值链高端的企业主导价值传递和再造的模式完全不一样。由于创新的主动权已被释放到价值网络的每个节点上，因而将形成一种全新的价值分配模式和结构。

众包中所形成的价值网络既是创新的聚集，也是知识人才的重新聚集，更是财富的重新聚集。它正在改变衡量一个地区或国家经济实力的标准。它是无形的，难以精确估算的，它所蕴藏的“商业生态效益”将最终决定一个国家的竞争实力。

一个企业可以围绕自身的社区平台在全球范围内构筑自己的经济生态系统。在这个系统中，财富将以虚拟社区的形式进行聚集、交换和流转。这会极大地改变过去围绕地理产业集群形成的城市或地区的经济结构。

众包模式的几种用途及举例

众包模式有四种用途：

1. 帮助企业解答疑难问题（大众知道一些企业不知道的事情，crowd wisdom）。例如企业可以通过 InnoCentive 平台向大众悬赏获得创新问题的解答方案。解答者的多样性会带来集体智慧，集体智慧是企业应用众包模式解决疑难问题的基础。此外，企业还可以利用社区成员的集体智慧来预测市场。

通常，网络社区是提升企业智商的强有力的参与平台。构建社区最好的方法之一就是邀请一群顾客来到一个私人的“闲人免进”的环境，与企业分享他们使用产品或服务的经历和体验。这就使得企业可以更加细致地理解顾客的需求和愿望，同时还能让顾客接触到一些独特的企业资源。葛兰素史克制药公司就是通过这种方法在 2007 年成功推出新的非处方减肥药阿莱胶囊的。

案例：葛兰素史克的非处方减肥药阿莱胶囊利用私人社区空间①

阿莱胶囊是简化的奥利司他（Orlistat）。奥利司他是一种治疗肥胖的处方药，通过减少肠内脂肪吸收而达到减肥的目的。阿莱胶囊是唯一由美国食品及药物管理局认证的非处方减肥药物，所以享有独特的市场优势。

但是葛兰素史克制药公司也面临着诸多挑战。要达到减肥效果，仅靠阿莱胶囊是不够的，还要配合低热量和低脂的饮食，再加上常规的锻炼。

由于阿莱胶囊会阻碍机体对脂肪的新陈代谢能力，如果使用者一餐中摄入超过 15 克脂肪的话（15 克为建议值），就无法完全吸收这些脂肪，而会出现腹泻等症状。简言之，如果消费者不能坚持低脂的饮食，就会得到极端消极的体验。另外，一般在使用阿莱胶囊的前六个

① ［美］文卡特·拉马斯瓦米，佛朗西斯·高哈特：《众包 2——群体创造的力量》，64～67 页，北京，中信出版社，2011。

月效果比较明显，对顾客来说最大的挑战来自停药之后的体重反弹。阿莱胶囊不可能成为减肥计划的全部。

葛兰素史克制药公司深知，要想使阿莱胶囊成功问世，必须建立强大的顾客基础，让阿莱胶囊可以达到减肥效果。这就意味着要让符合条件的减肥候选人（愿意并且能够改变自己的饮食习惯，同时加强锻炼的肥胖者）购买药品，而让不符合条件的候选人（坐等“神药”而不进行长期的生活方式转变的肥胖者）不购买。由于“口口相传”、“点对点推荐”能够帮助葛兰素史克制药公司达到上述效果，因此使用阿莱胶囊的消费者们能够互相帮助，判断这种减肥药是否适合自己。

“交流空间”网站是一家以帮助企业快速建立、管理、利用私人网络社区为特色的公司。2007 年 4 月，交流空间和葛兰素史克消费者保健中心邀请 400 位肥胖人士组成阿莱计划的“第一团队”，这是一个早期使用者的网络社区，由“交流空间”协助打造，并设计阿莱计划，分享个人体验，讨论如何为社区成员提供支持。

这项计划的核心在于，对很多人来说减肥瘦身的渴望是一种严峻的心理考验。如果消费者可以相互分享经验，共同参与社区活动，得知他人为减肥所作出的努力，这样一来，阿莱胶囊的使用者将会受益匪浅。这项计划对公司来说也有巨大价值。“交流空间”这样形容：“葛兰素史克需要一种适当的方式，了解肥胖人士每天面临的理性和感性的心理斗争。”

葛兰素史克和“交流空间”共同构建的网站让早期使用者提供真实的反馈信息，和他人分享自己的体验，帮助他人实现减肥计划。一位“第一团队”的成员这样写道：“在阿莱计划的初期，我得知会有‘治疗反应’，也就是说如果你作弊，吃一些高脂肪的食物的话，你将会付出代价。幸运的是，我一直按照计划安排饮食和锻炼，所以我没有遭遇任何的治疗反应。但有一次，我差点超越底线。”

这个网站是一个公开、诚实的论坛，告诉消费者阿莱胶囊绝不是什么“神奇药丸”。网上的在线对话让葛兰素史克公司了解消费者在坚持健康瘦身计划的过程中遇到的困难，以及这些困难的本质原因。这样公司就能够“对症下药”，让阿莱胶囊产生最佳的减肥效果。

在深入研究“第一团队”社区的基础上，葛兰素史克为阿莱胶囊使用者设计了一个专门的网站，让顾客了解减肥过程中行为矫正的重要性，并保证顾客走上正轨。网站有丰富的内容，详细地解释了阿莱胶囊会对人体产生什么作用（包括对“治疗反应”的警告），还有阿莱胶囊使用者讲述的真实故事，以及健康饮食和锻炼的小贴士，还包括一个共享社区，名叫“阿莱圈”。社区的注册会员可以相互鼓励，或者一同庆祝减肥成功的喜悦。葛兰素史克同时也为专业保健医师单独创立了一个网站，让医生、营养学家和药剂师们告诉消费者服用阿莱胶囊的临床信息，给消费者提供一些用药指导。在消费者的网站中，还包括一个“我的阿莱计划”专栏。该专栏由营养专家、减肥专家打造，在与顾客沟通后，为每一个购买阿莱胶囊的消费者量身打造瘦身计划。这一平台的特点是个性化设计的网上行动计划，包括健康食谱、在线记录食物和生活信息，并将计划连接到其他用户的社交网络。网站定期向每位顾客发送电子邮件，鼓励顾客并提供减肥建议，让顾客知道饿的时候该怎么办，处理社区会员之间网络连接的问题，帮助顾客改变不良的饮食和生活习惯以实现成功瘦身。这一切的目的都在于帮助阿莱胶囊使用者提高减肥的技能，并能永远保持完美身材。

“我的阿莱计划”正逐渐成为阿莱计划的核心。这个网站一经发布就效果显著，一位阿莱胶囊服用者的话是最好的证明：“我从没见过任何一个制药公司能这样不遗余力地为自己的顾客提供知识、支持和有价值的工具。这也彻底改变了我以前的‘制药业贪得无厌’的观念。非常感谢你们。”

2007 年 6 月阿莱网站在全美开放，之后的 4 个月内葛兰素史克就卖出了 200 万套精简包的阿莱胶囊，有超过 20 万人加入网上在线行为支援计划，500 多万独立访客登录阿莱网站，消费者们在网站的官方留言板上发表了 125 000 多条留言。据葛兰素史克提供的信息，问世 6 个星期，阿莱胶囊的销售额就达到了 1.56 亿美元；而 6 个月后，其销售额总共达到 2.9 亿美元。

2007 年 10 月，葛兰素史克公司发起了一项新的阿莱胶囊广告推广活动。为了设计该活动，阿莱的广告代理商阿诺德环球广告公司聘请了近 100 位当初“第一团队”中的阿莱胶囊使用者，并为每个人拍摄 YouTube 式的视频，记录下他们的减肥故事，甚至还邀请其中 7 位团队成员飞往纽约进行拍摄。阿诺德公司的创意总监凯特·墨菲这样说：“今天的消费者想听到的是其他用户对产品的真实评论。生产商对产品夸夸其谈是一回事，从其他消费者口中听到真实的使用体验是另一回事，而这会更加令人信服。”

阿莱胶囊成功的关键在于葛兰素史克公司能够从消费者的角度出发，深度接触减肥群体，从而用贴近顾客的语言和形象传达产品的药效和缺陷。这就鼓励了立志减肥的人尝试阿莱胶囊。阿莱计划的第一团队中不是所有的成员都始终为阿莱做宣传，但因为他们与葛兰素史克公司有着长期的个人接触，他们变得消息灵通，并于无形间成为市场中阿莱品牌的宣传者，把阿莱胶囊推荐给那些能够遵守阿莱计划并能从中获益的朋友们，劝诫不能完成计划的人不要参加阿莱计划。一位第一团队的队员这样评论：“我知道我的生活已不再需要阿莱胶囊了。但是，对于那些比我更加期望自己有长期改变的人来说，我相信阿莱胶囊是他们最好的选择，而我也会毫不犹豫地把它推荐给他们。”

2. 帮助企业从用户社区中获得丰富的创意、资料和素材（用户创造了什么，crowd creation）。例如，很多用户在 Threadless 社区为其设计 T 恤衫，Threadless 可以围绕大众设计的 T 恤衫做后续的商业开发。另外一个典型的例子是图片社区 iStockphoto. com，爱好摄影和图像设计的大众可以在该社区发布并出售价格便宜但分辨率很高的图片。我国与 iStockphoto. com 类似的平台有昵图网（www. nipic. com）和我图网（www. ooopic. com）。此外，大众还可以共同创造多媒体资料，如电影和电视视频资料等。

案例：戴尔推出创意风暴网站①

2007 年 2 月，戴尔推出创意风暴网站。用户可以在该网站上发表看法，经过顾客社区投票，最受欢迎的创意脱颖而出，公司对这些创意作出回应。网站问世五天之内，总共吸引了 1 384 个创意，122 388 人次投票，总共 2 189 条评论。一年后，用户总共提交了 8 859 个创意，投票数达 613 638 人次，评论数为 66 882 条。戴尔公司第一年就实施了其中 20 个创意，但更重要的是，公司从中加深了对顾客的了解，知道了顾客到底想要什么。比如，顾客反映出强烈的愿望，想要去掉电脑上自带的免费试用软件，以及其他所有占用系统资源的软件。

科技产业可能认为给消费者的越多，意味着价值越大，但戴尔从消费者方面得知，这些都是负面的价值。其他比较受欢迎的创意包括：在新的产品中配置微软的 XP 操作系统（而不是 Vista 系统）、不安装操作系统、预装基于 Linux 的乌班图操作系统、减少塑料包装、配件更加标准化等。

---

① ［美］文卡特·拉马斯瓦米，佛朗西斯·高哈特：《众包 2——群体创造的力量》，47～49 页，北京，中信出版社，2011。

戴尔公司对员工进行再培训，使其能够担当更多的责任，解决更多的问题。比如，高端技术人员可以舍弃电话脚本，在很多国家，戴尔公司都培训技术人员要做到与顾客感同身受。

戴尔不再计算每次通话中员工“解决问题的时间”，不再用这种方法评估员工的效率。因为这样经常会导致员工立刻将顾客的电话转接给其他人，把顾客的问题推到别人那里。以往最糟糕的时候，戴尔的 400 000 名顾客中，有 7 000 人一周打咨询电话平均会遭遇 7 次电话转接。如今，转接的频率从 45%降到了 18%，平均每个问题的解决时间为 40 秒。

戴尔对其 42 名员工进行专门培训，让他们在工作时间与顾客群体在 Facebook、Twitter，以及其他社交媒体上互动交流。关于戴尔的负面博客文章的比例从原来的 49%降到了 22%。

公司从其社交媒体团队得知了最重要的一点，那就是潜在顾客花 99%的时间上网调查产品，而只花 1%的时间来购买它。因此，公司决定减少强行推销，让消费者作出更多的知情选择，希望从中迸发出关于新产品和新市场的想法和创意。比如，2008 年戴尔的工程师们对创意风暴网站进行了集中学习，之后开发了一款新的笔记本电脑：在黑暗中键盘自动发光，联网更快，电池使用寿命更长，外加额外保险。新款的笔记本电脑很好地诠释了戴尔的创新能力：在早期吸引顾客，并使其与已经在使用新电脑的顾客进行反复持续的互动。因此，戴尔的反应速度逐步提高，开发周期开始缩短。

3. 企业可以应用大众来筛选、评价其产品或服务（大众在想些什么，crowd voting）。例如，电视歌手比赛《美国偶像》的选手和评委都来自大众，每季都有上千名选手参与该节目，经过一组名人评审的筛选后，观众通过短信和电话的方式投票选出参加半决赛的选手。除了《美国偶像》，Threadless 社区也鼓励社区大众来评价和筛选 T 恤设计。

下面的这个例子是将软件测试众包。各大软件企业都有一大痛处：企业开发的应用软件需要服务于上百万的用户，这些用户分布在成千上万个不同的地方，使用着成百上千种不同的设备；而应用软件无论在何种情况下，都必须做到完美无缺的运转。

案例：众包军团——用低科技手段解决高科技问题①

2013 年冬天，有一家在全球各地拥有上百万用户的流媒体公司，需要将其应用软件在 100 多种不同的设备上进行强度测试。为此，该公司采用了一款小工具，称为 Applause。Applause 的联合创始人兼首席执行官多伦·卢温尼笑道："是个人都听说过那家公司。"他之所以不透露公司名，是因为有保密协议。当时，他很快从五个大洲的 78 个国家召集了 500 名测试员——其中包括来自伦敦、马德里、慕尼黑、圣保罗、费城和班加罗尔的 IT 极客。他们在各种台式电脑、手机、游戏机和智能电视上试用了软件，分析其性能和用户体验。Applause 有没有后备团队？当然有。

卢温尼表示："我们得在第二天早上之前做到所有设备全覆盖并完成各项测试。"Appaluse 公司依托 14 万名以上的众包测试员和漏洞检测员，根除应用软件的所有瑕疵。

对于 Applause 公司来说，目前的挑战在于如何管理好日益壮大的测试员群体。潜在测试员需要填写他们的个人信息，包括所在地、语言和技术经验。在接受完培训，至少完成一次无偿任务并得到老资格测试员的认可后，新测试员就可以开始获得报酬。

① 虎嗅网：《Applause，用低科技手段解决高科技问题的众包测试团》，http://www.huxiu.com/article/39750/1.html。

Applause 的匹配算法仅指定 20%的测试员去做有偿工作。计算酬劳的依据是测试员找到的错误和故障的数量，以及这些错误和故障对于客户的重要程度。大约有 2%的测试员是 Applause 的全职员工，每个月能赚 1 万美元；不那么活跃的测试员每个月能赚不到1 000美元；而大多数人即 80%左右的测试员只要能加入这个网络，就已经心满意足了。

安全是关键。测试员必须与 Applause 和客户签订保密协议，禁止谈论或在博客上发布与当前项目相关的信息。凡是违反协议的人，终身不得再加入 Applause 测试员网络。到目前为止，没有人因为多嘴多舌而被炒鱿鱼，只有不到 30 人出于自己的意愿脱离了公司。

并不是每个人都是众包测试的拥趸。如果能将这个过程自动化，成本会低廉很多（效率也将大大提高）。

4. 企业或个人筹资（大众资助了什么，crowd funding）。例如，Kiva. org 平台可以帮助需要资金的个人通过大众获得资金。该平台这样描述自身：通过互联网将第三世界的小公司和第一世界有慈善意向的信贷机构联系在一起。此外，众包也可以辅助总统竞选，如 2008 年美国总统竞选，奥巴马从 200 万选民中募集了 2. 72 亿美元。通过众包，艺术家也可以在设计作品或拍摄影片之前向自己的“粉丝”筹资。www. pledgemusic. com 即这种类型的众包平台。在该平台上，“粉丝”先承诺购买艺术家的作品（如参加演唱会或看电影）。当承诺的购买者达到一定数量时，艺术家可以基于筹集的资金决定开始创作。

研究发现，新产品商业化的失败率较高，通常超过 50%，失败的原因主要不是技术问题，而是对用户的需求理解不清晰。因此，如何精确地预测用户的需求并设计、生产出最合适的产品是企业面临的关键问题。互联网社区是辅助企业解决该问题的有效途径。

案例：Threadless——小“T”大做[1]

Threadless社区成立于2000年，创始人是设计师杰克·尼克尔和雅各布·德哈特。Threadless社区是时尚T恤设计和生产社区。与常见的T恤厂家不同，Threadless没有进行复杂的市场调研，其T恤图案设计全部来自社区成员，而且T恤设计的评价和改进也完全由社区成员完成。Threadless的员工有50人左右，平均每月销售160 000～170 000件T恤，销售利润率约30%。

Threadless将T恤的设计、改进、评价和销售交给用户。用户不仅设计提交自己的T恤设计，而且帮助其他成员改进T恤设计。他们筛选出有潜力的T恤设计，只有最受认可的T恤设计才能开始生产并投入市场。用户在自己喜爱的T恤被生产之前，就承诺会购买该类型的T恤，这样Threadless的市场风险就降低很多。

Threadless的商业模式主要包括两个过程，一是用户提交T恤设计，二是用户评价和改进T恤设计。

所有的T恤设计都来自Threadless社区的用户，这些用户包括专业的图像设计师，也包括业余爱好者。社区用户在提交T恤设计之前需要同意如下知识产权协议：如果Threadless决定生产该T恤，那么设计人员需要将其T恤设计完全转移给Threadless，允许Threadless生产和销售其设计的T恤。如果用户在提交前需要改进T恤设计，那么他可以使用“评论”这项工具，应用“评论”工具，用户可以获得其他设计人员的评论，然后基于他们的反馈改进T恤设计。Threadless有大约100万注册会员，每天提交的T恤设计接近300个。

① 洪玮：《众筹的新魔力》，《南都周刊》，2013（6）。

用户提交的 T 恤设计展示在 Threadless 社区，Threadless 鼓励其他会员参与评价，评价的周期是 7 天。评价结束后，T 恤设计的得分为 0～5 分，这项评分结果是 Threadless 工作人员决定是否生产该类型 T 恤的重要参考。一旦 Threadless 决定开始生产某种 T 恤，那么该 T 恤的设计人员会得到 2 000 美元的奖金和价值 500 美元的免费 T 恤，该设计者的名字会印在 T 恤的标签上。而且该设计人员也会成为 Threadless 的 Alumni 俱乐部会员。此外，该款 T 恤有资格参与年度最佳 T 恤奖（Bestees Awards）的评选，年度最佳 T 恤的奖金是20 000美元。该款 T 恤还可以参与当月的最佳 T 恤评选，该项评选的奖金是 2 500 美元，而且当月的最佳 T 恤可以重新生产和销售。

T 恤设计评价结束后，Threadless 工作人员从评价得分较高的优秀设计中选择要生产的 T 恤，最终生产决策依据包括 T 恤设计得到的评分、评论以及“我要买它”的数量。Threadless 每周生产大约 6 款 T 恤，这些 T 恤主要在 Threadless 社区销售，也可以在其实体店销售(如位于芝加哥的 Threadless 商店)。

众包还有其他几个好处：你会发现最熟悉你的人——你的客户，他们会给出最好的解决问题的方案。在热心帮助你的这一大群人里面，谁都可能成为你的最新客户。你将会得到意外的收获。

众包竞赛解决创新难题

企业为了解决创新过程中遇到的疑难问题，可以通过向企业外部“悬赏”获得解决方案，这种“悬赏”称为众包竞赛。

众包竞赛已经成为企业开放式创新的有效工具。

美国的 InnoCentive 网站是一个典型的众包竞赛平台，其目标是通过现金激励的竞赛将企业的疑难问题与外部潜在的解答者对接起来。

案例：一个让人叹为观止的网站 InnoCentive[①]

InnoCentive 这个网站之所以让人惊叹，是因为它拥有着太多的亮点：

1. 集结了众多的全球级“最强大脑”；
2. 全球最成功的众包网站之一；
3. 世界顶级难题的讨论和解决场所；
4. 世界顶级人才的猎头场所。

InnoCentive 成立于 2001 年，最初由制药公司礼来公司（Eli Lilly）投资，而且最初的众包竞赛项目也来源于礼来公司。网站总部设在美国波士顿，其名字取自 Innovation（创新）和 Incentive（激励）。除了礼来公司，其他很多著名的企业也通过 InnoCentive 来辅助创新，如宝洁、NASA、SAP 等。众包竞赛的领域包括商业、化学、IT、工程与设计、食品与农业、数学、生命科学、物理科学等。2001—2009 年，共有来自 175 个国家的 170 000 名研究人员参与到 InnoCentive 的众包竞赛中。发布者共发布 800 多个疑难问题，有 400 个左右的问题得到了解答，成功率约 50%。悬赏金额共计 2 000 万美元，发放给研究人员的奖金约 400 万美元（Hagel and Brown，2009）。

① 龙真：《InnoCentive 解析：集结全球“最强大脑”的科研众包平台》，http：//www. chinaz. com/manage/2014/0317/343717. shtml。

作为制药巨头，礼来的理念很先进：既然一个公司的科研人员不能解决自己遇到的难题，那为什么不利用互联网，看看大家有没有好的解决办法呢？于是，他们把遇到的科研难题发到该网站上来寻求解决答案，并给予一定的金钱激励。一帮无所事事的科研精英们跑过来注册，三下五除二搞定了这些问题，并拿走了奖金。接下来，这就形成了一个良性循环。直到礼来做出了一个智慧的选择，把它放出来独立运作。更多的公司把难题放上去悬赏，更多的科研精英们跑过来搞定难题，并拿走奖金。于是，一连串神奇的事发生了。

求解者有动力：

InnoCentive 让想发布难题的大公司登记为"求解者"（seekers）。求解者公开张贴难题，邀请全世界的各路英雄来挑战。这些大公司张贴的每项挑战都包括详细说明和相关要求、截止日期，以及为最佳解决方案提供的奖金。张贴挑战的求解者公司的名称将得到完全保密，并且有安全保障。

1. 老虎也有打盹的时候。还是礼来公司的那句话，虽然你的公司有钱有势，但你自己的科研人员也总有卡壳的时候。

2. 时间紧，难度大。既然你内部解决不了问题，时间又很有限，为什么不拿出来放在互联网上，利用各路高手的力量迅速解决问题呢？

3. 优中选优。如果放在内部，可能就一个解决方案。但在这里，很少的钱，甚至有多个方案，你还可以做到优中选优。

4. 挖人的最佳场所。能解决你的难题，这样的高手你还等什么？

5. 公司机密和知识产权有保障。网站功能上简单设置一下即可。

还有什么理由不来吗？

解题者有动力：

世界各地的科学家都有资格在该网站注册为“解题者”（solvers）。解题者可以查看和评估挑战，递交解题方案，网站也保证解题者的信息和答案的安全性。求解者审阅所有的答案，并只把奖金发给最符合其要求和被其公司视为最好的解决方案的解题者。奖金额从 5 000 美元到 10 万美元不等。所有获奖者的名单和个人简历也都在网站上公开，还会给你个徽章以示你专业水准。

1. 答案改变世界。一个低成本的雨水存储系统的方案就可以让非洲很多地区的人们每天少走几公里的路去打水，让他们可以专心地在家看护孩子以及在田里干活。看着几十万人的生活因你的一点小小的贡献而改变，你会是什么感觉?

2. 同样是锻炼大脑，为啥不干点正事? 与其天天在玩德州扑克、麻将来防止脑子生锈，干吗不来点实实在在的实战的东西，要不然岂不是浪费了你的高智商?

3. “装”既是人性的弱点又是人性的优点。你“不爱装”的同义词是你“不追求上进”，你是一个追求上进的人吗? 有一个判断你是否上进、你的智商是不是处于高等水平的机会，你要不要试一试? 你放弃检验自己是一个杰出人士的机会了吗? 不会吧?

4. 同步最新知识、全球视野。而对于科学家而言，加入到挑战中来，即使不能解决难题获得高额奖金，他们也可以通过这个网站知道各公司现在最需要的技术是什么，从而明确自己的科研方向。他们可以从中了解到，自己正在进行的科研项目是否已经有同行走在了前面，这样就可以避免做无用功。

5. 实实在在的好处。奖金自然就不用说了，专利也是你的。当猎头在寻找候选人时，打开 InnoCentive，你解决的一个个难题亮瞎了他的双眼，你觉得接下来会发生什么？当你漫不经心地向人们随口说："我也就是在 InnoCentive 上帮某家公司解决了某个领域的几个小小的世界级难题，不值一提。"你觉得接下来会发生什么？

如果你自认为智商还算过得去，也算是个科研人员，你知道了这么个网站，你还充耳不闻吗？

运营的核心玩法：

这个网站的核心是运营。

1. 网站本身是个"阵地"。最主要的功能是"求解者"发布任务和"解题者"展示成就。

2. 产品运营的重点在于任务达成。这个是通过建立数据库和群发邮件实现的。这是核心。它也在把很多优秀的"解题者"拉入一个 InnoCentive@Work 网络，以便更好地沟通和实现目标。

3. 最核心的运营是制造高难度的挑战。无挑战，不刺激。一方面，要把一流企业面临的挑战放上来。另一方面，又把难题分级。在"最难难题"的大帽子下，可以掺杂很多的小挑战。

4. 牛人邀请。通过小圈子分享，以及网站方的持续运营来实现。目前该网站已经覆盖了 100 多个国家、数万名科研精英。

5. 品牌和传播。它们目前是在学术圈子里传播。通过小圈子分享，积极跟各个大学谈合作，支持各种学术论坛等实现口碑。作为商学院案例，它在商业人群里获得了不小的影响力。

InnoCentive 的基本流程包括三步，分别是企业发布竞赛任务、研究人员提交解答方案、解答方案评估并奖励获胜的研究人员。首先，发布者和 InnoCentive 内部的工作人员一起分析要解决的问题，形成并发布竞赛任务。

发布任务时，企业可以隐藏身份，目的是隐藏企业的行为，从而保护企业的机密。

然后，解答者浏览挑战任务的摘要，如果是注册用户可以进一步看到竞赛任务的概述，解答者也可以和 InnoCentive 的工作人员联系进一步获取挑战问题的细节。研究人员不仅可以独立提交解答方案，而且可以组成项目合作小组（team project room）相互合作共同解答疑难问题。解答者将解答方案提交给众包竞赛的发布者。提交解答方案时，解答者必须明确声明该解答方案的知识产权属于自己，这样可以保护发布者的利益。

最后，由 InnoCentive 审查解答方案，并交给发布者评选出最终的获胜者，获胜者得到相应的奖金。如果发布者认为其之前已经知道该解答方案，就不用支付奖金。但发布者必须证明其通过其他方式已经知道该解答方案，并且在发布众包竞赛时就明确表明其需要的是原创的、新颖的解答方案。否则，发布者必须支付奖金。

InnoCentive 能够辅助企业解答难题的关键是解答者的多样性，Jeppesen and Lakhani（2010）发现 InnoCentive 平台的解答者更可能解决离自己专业较远的疑难问题。

InnoCentive 案例展示了众包竞赛的大致内涵。

众包一般的流程如下：

1. 任务发布者提出一个问题；
2. 在互联网上发布、传播这个问题；
3. 任务发布者请求互联网上的群众给出解决方案；
4. 群众给出解决方案；
5. 群众审查解决方案；
6. 任务发布者奖励胜出的解决方案提供者；
7. 任务发布者获得和拥有胜出的解决方案；
8. 任务发布者得利。

众包与外包的区别

外包和众包二者之间有着本质的不同。

1. 外包业务的完成者比较明确，是签约的第三方企业；众包任务的完成者则不明确，企业外部的所有人员都可以参与。

2. 外包任务一般是在合同的约束下完成的，众包没有正式的合同。众包任务发起者和任务的解答者之间的关系比较弱，一般是非正式的合同关系。

3. 企业使用外包的目的一般是降低成本，而使用众包的目的主要是利用大众的集体智慧。

宝洁负责科技创新的副总裁拉里·休斯顿评价道："外包是指我们雇人提供服务，其实和雇佣关系没什么两样。但是现在我们的做法是从外部吸引人才的参与，使他们参与广阔的创新与合作过程。这是两种完全不同的概念。"众包的核心包含着与用户共创价值的理念。

此外，二者另一个最大的不同之在于，外包强调的是高度专业化，而众包则相反，跨专业的创新往往蕴含着巨大的潜力，由个体用户积极参与而获得成功的商业案例太多太多。美国加州伯克利大学的分布式计算项目，成功调动了世界各地成千上万台计算机的闲置计算能力，与此相似，分布式的人力资源网络也可以使成千上万网民的闲置智慧得到充分应用。软件开源运动证明，由网民协作网络写出的程序，质量并不低于微软等大公司的程序员开发的产品。维基百科更是树立了一个群体创作的典范。iStockphoto、eBay和MySpace等创造的盈利模式，如果脱离了用户的参与将是不可想象的。

世界上第一个平台性质的众包网站[①]

Elance是全球最大的外包网站之一。门槛高、服务好、项目多、项目质量好。如果你是程序员、翻译、设计师等，同时英文又好，那你可以到Elance上来接项目，这样才能充分体现你的优势。Elance是个国际平台，上面的价格是国际价格，换算成人民币一般比较划算。

Elance在1999年是作为eBay式的外包平台而建立的，在这个交易平台上，卖家将各种项目出售，专业人员则完成工作并得到报酬。这家公司一度快速成长，并得到8 000万美元融资，可惜这仅仅是个泡沫，结果只能看到市场的坍塌。更糟糕的是，那个时候，外包作为毫无趣味和分散的工作方式而广泛不被看好。这些因素导致了这个在线市场处于苦苦挣扎之中。

然而，希望存在于大型公司里。尽管Elance成立时立志于外包，将生产力分散给广泛的业务需求，但是公司发现，那些接受这些观念的大公司才是这个市场的核心部分。很多这种公司已经在雇用数量巨大的服务承包商，却没有可信赖的系统来管理这些分散的生产力。

于是，在2001年，Elance减小规模以收紧银根，并且瞄准与那些大型机构的合作机会。公司保留了在线业务，但是把大部分的精力放到了开发一套可以管理和签约专业人员的企业软件包上面。到了2005年，这个企业软件产品被诸如American Express、BP、FedEx和GE这些大机构的200 000多名员工使用，管理着超过100亿美元的工作承包。

2005年的时候，Elance敏锐地察觉到，企业软件行业进入了成熟期，

① http：//www.cnblogs.com/guanghuiqq/archive/2012/09/17/2688397.html.

与此同时，公众开始理解并接受分布式工作的观念。于是，Elance 重新对其产品线进行估值，决定重新回到初始的商业想法，并以 1 500 万美元的价格将那套企业软件卖给了 ClickCommerce。Elance 的 CEO 法比奥·罗萨蒂把这个产品转型弧线描绘为“远远地绕道而行”，最终完成了对这家公司创立者原始设想的部署。

Elance 本来可以简单放弃在线交易平台的观念并专心地继续前行于企业软件这条道路，但是公司没有这样做。为什么这家公司选择保持两条产品线，以及为什么最终决定回到初始的观念？管理层考虑过各种发展战略，最终一致认为，在线市场这条道路能够提供最好的中远期前景。而同时，2001 年的近期需求是企业必须得到足够的收入，即便是从其他的资源（企业市场）获得。在“绕道而行”的过程中，这家公司始终相信，在线交易平台还有希望，并决定为了未来继续维护和管理它。

“远远地绕道而行”相当令人着迷。Elance 强烈地相信最初始的设想，但却发现那个时候实现这个计划的时机并不成熟。另外，罗萨蒂发现，除非作为更大的企业供应链管理软件的一部分，这种企业软件产品在有限的空间里难以得到更大的发展，而在线外包交易市场仍然是一块处女地。出于各种因素的对比考虑，Elance 结束了“绕道”，回到了原来的道路。

Elance 的早期设想导致它在市场还没有准备好之前就开始运行。Elance 通过反思市场环境做出调整，开发了一套软件系统以确保立即获得收入。许多其他的生意也是一样，应该找到一种能够带来稳定现金流的方法，并以得到的资金来完成初始产品的梦想。

2013 年自由职业市场最大的两家竞争对手 Elance 和 oDesk 决定化干戈为玉帛，合并组成了 Elance-oDesk 这个自由职业市场的巨无霸。这家公司又宣布获得了 3 000 万美元的融资，预计下一步将会上市。这是合并后的新公司首次进行的融资，合并前的两家公司的融资总额已达 1.388 亿美元，此轮过后，其总融资将达 1.7 亿美元。所得资金将用于产品研发及市场扩张。

包括改进匹配算法从而节省企业与自由职业者的对接时间；改进协作工具，让自由职业者和企业围绕着项目展开对话和协作等。同时 Elance-oDesk 还打算进一步加强市场扩张。按照 Elance-oDesk CEO 法比奥·罗萨蒂的估计，全球未来的自由职业市场规模将在 2 万亿～3 万亿美元之间。若果真如此的话，Elance-oDesk 之流还有着巨大的增长空间。

Elance-oDesk 为找短工的企业以及网上的自由职业者搭建了一个平台，让他们通过相互匹配来各取所需——自由职业者需要工作，企业需要人才，通过自由职业市场匹配的方式不受地理限制，工作时间灵活，个人可以按自己喜欢的方式赚钱，而企业节省了开支，自由职业市场则通过抽佣获得回报，是一个三赢的局面。

其流程大抵是这样的。首先，企业会到 Elance-oDesk 上面发布工作（包括时薪制、阶段制工作），后者就会根据工作性质及历史数据挑出三个最合适的人选，然后通过面试决定录用者；接下来 Elance-oDesk 还会利用其协作工具等全程跟踪自由职业者的工作，最后对其表现进行评估，形成数据。工作获得企业确认后自由职业者可以通过该市场获得快捷支付。

约有 370 万家企业以及 930 万名自由职业者在 Elance-oDesk 上面寻找机会。网站每年发布的工作机会约有 250 万个，自由职业者的年收入总额已达 9 亿美元。据 Elance-oDesk CFO 塞瓦斯·索伦介绍，中国企业在 Elance-oDesk 上大概花了 300 万美元，而中国的自由职业者则已经在上面挣了 5 千万美元。

Elance 的注册

Elance 的注册是需要验证电话号码的。注册完了之后，Elance 的机器人会打电话过来，叫你把网页上的数字用英文念出来或者是输入进去。通过验证之后就算注册成功了，可以开始接项目了。因为 Elance 涉及钱，所以对账号保护比较严，一定要记得你的密保答案，因为下次你换个地方登录，它就会让你输入答案了。

包装自己

新手要顺利接到项目比较难，因为没有历史项目经历和别人给的评分。所以要靠自己个人档案上的自我简介、自己以往完成的任务业绩清单和技能测试等来打动客户。其中比较特别的是技能测试。

Elance 使用了第三方测试平台来衡量受测试者的各种技能。在 Elance 网站上选择想要测试的技能，比如 PHP5 Code Test，然后会进入一个第三方测试网站。一般选择类题目是 40 题，时间是 40 分钟。PHP5 Code Test 属于代码实践题，需要测试者根据题目提供一段 PHP 程序，然后后台执行这段程序看看是否正确。

测试的结果是按你在测试者中占的百分比显示出来的，还可以用图形来显示你的测试成绩和平均测试成绩。免费会员可以选择 5 个测试成绩显示在自己的个人档案上。如果升级成付费会员则可以显示更多的成绩。如果某个测试你觉得不满意，没关系，14 天之后可以再次做这个测试。这些成绩是很有说服力的。比如你刚注册，但是在 Javascript 测试中获得了排名前 5%的成绩，那么你在投标的时候就可以说："我刚来 Elance，但是我在前端方面有 X 年的经验，不信你去看我的个人档案，我在 Javascript 测试中排前 5%哦。"然后报价再稍微比别人低一点，获得项目的机会就会大很多。

Elance 的项目流程

Elance 的项目主要分为固定价格的项目和按小时计费的项目。先说说固定价格任务。你首先可以在网站上搜索自己感兴趣又力所能及的项目，然后你就可以去投标了。

投一个 500 美元以下的项目需要 1 个 Connect（Elance 上的一种点数），500～1 000 美元的项目需要 2 个 Connect，2 000 美元以上的貌似都是 5 个

Connect。这个点数是不退的，也就是说对方发个项目，你去投，然后对方没选中你，甚至对方把项目关了，你都会损失这些点数。免费会员每月会得到 15 个点数，在结算周期那一天点数会刷新。

点数不够怎么办？交钱升级会员的话每个月点数会增加。这种点数的规则就限制了像国内威客网站上那些胡乱杀价的人的出现，所以 Elance 上看到的基本上都是正经的人报的合理价格。

投标内容一般采用正式的英文书信格式，例如：

Hi Alex,

I am very interested in your project. I...

Regards,

Qiang WANG

内容一定要根据对方的项目需求来写。切忌写一个模板到处去投标。比如对方想做个图片编辑器，你就应该说你以前做过类似的东西，然后把 demo 地址贴上去。这样对方会很感兴趣的。

这段时间有可能对方会跟你来回通信几次，一旦他确定给你做，就会把项目预算告知给你，然后你在 Elance 后台就会看到这个项目，里面有各种设置和功能。一般项目预算给你之后，对方就会把项目款打到 Elance，如果没打，你可以等对方打了钱再开始做。

这种第三方担保类似支付宝，需要双方同意后，钱才能转移。此时，你就可以跟对方交流任何内容，可以使用 Skype 账号（上面的人大部分都用 Skype，因为必要时候可以视频通话）。

项目后台最常用的是信息（message）功能，可以收发消息，还可以带附件，每个消息还会抄送到你的邮箱，甚至你可以用邮箱直接回复。

另外还有一个是“项目进度报告”，项目开始后记得用这个功能向雇主报告项目进度。“细则与项目节点里程碑”是一个必须双方都同意的协议，里面涉及项目的里程碑（可以在里程碑上协定支付部分项目款），包括项目截止日期、项目总价等。每个修改都需要双方同意之后才会生效。

当项目结束后，如果对方确认了你的成果，那么就可以把“项目进度报告”设置为“已经完成”（completed），提醒对方放款。

对于按小时付费的项目，大部分流程都是一样的。但是投标时的金额是每小时多少钱而不是项目总共多少钱。开始做之后，需要你下载一个Elance的跟踪（Tracker）软件。这个软件可以记录你的项目时间和屏幕截图。开始做项目的时候，进这个软件点击开始。然后就老老实实做这个项目，因为这个软件会不定期截屏上传的！万一被看到你在玩，那是有损声誉的事情。

我国众包模式的发展

在我国，众包竞赛被称为“威客模式”（witkey，即智慧的钥匙）。我国众包竞赛模式开始于2004年，主要的平台有一品威客网、猪八戒网、任务中国网和时间财富网。

从2005年威客模式第一次在中国科学院研究生院提出以来，目前在中国有超过200家网站认同威客模式提出的理念，涵盖的范围包括法律、管理咨询、农业、教育、程序和图形设计、科研、体育、医疗、招聘等多个领域。

威客模式的出现也引起了媒体广泛的关注。包括中国中央电视台、《中国日报》、《人民日报》、国际文传电讯社、《德国明星周刊》等数百家国内外媒体对威客模式进行了报道。2007年，威客的概念进入中国高考试题，数百万考生因此了解了威客模式。2007年8月，中国教育部将威客列入中国 2007 年 171 个新出现的汉语词汇。

2007 年 11 月 18 日，首届威客大会在中国北京召开，这次会议由中国科学院虚拟经济与数据科学研究中心主办。有来自互联网、威客模式网站、新闻媒体等领域的专业人士 300 多人参加了此次会议，多名互联网专家和威客模式网站负责人从理论和实践的不同角度对威客模式进行了探讨。此外在 2006—2007 年间，赛迪顾问有限责任公司、中国电信研究院等单位也举办了多场会议和沙龙对威客模式进行探讨和研究。

2010 年 11 月 18 日，由国家工信部指导，重庆市政府、猪八戒网主办的首届全球威客大会暨威客网站 CEO 高峰论坛在重庆召开。来自全球排名前 100 名的威客（外包）网站的 CEO 及国内优秀威客代表出席会议。会上发布的《2010 年中国威客行业白皮书》显示：中国现有超过 100 家威客网站，注册会员超过 2 000 万，整体累积交易金额超过三亿元。

在威客模式网站的运营模型图的基础上进一步提炼，威客概念创始人刘锋提出了威客模式的商业运营公式。

$W=(U+Q+A+P)\times cr$。

W：表示威客模式。

U：表示威客模式网站的注册用户，主要由提问者和回答者两部分组成，在实际运营中，这两个角色常常会相互调换，即提问者也可以成为回答者，而回答者也可以提出问题寻找帮助。通过对 U 的信息聚合可以形成威客理论的重要成果威客地图（witmap）。

Q：表示威客模式网站上待解决的各种问题和任务。

A：表示威客模式网站上针对问题进行解答所形成的答案。它同时也包含了威客模式网站注册用户发布的智力产品。这些答案和智力产品往往标注了一定的价格，供提问者查询和交易。

P：表示威客模式网站支付系统，支付系统不仅仅限于互联网在线支付手段，也包括线下的银行付款、邮局汇款和直接给付。

cr：表示威客模式网站的信用系统，为了保证交易的正常进行，威客模式网站需要建立信用体系确保提问者、回答者、问题和答案的真实性。

03

众包带来的管理理念升级

用众包推动组织结构创新

企业在采取众包吸取外部智慧之前，自身内部就要先行打造学习型组织，充分把组织内部职工的智慧和创造力挖掘出来。因为员工是构成企业竞争力基础的关键因素。

未来的组织边界会很模糊，企业内外边界很难界定。原来的组织管理，基本上都是内部行为，如管理企业的员工。未来的组织，既包括组织内部资源，同时也包括组织外部资源。如何组织用户？如何组织各种利益相关方？这些都是传统企业需要思考的。扁平化、无边界、自组织是社群化三个基本特征。未来的企业并不是不需要管理，而是不需要工业时代的管理，需要的是互联网时代的管理，如何激活每个自组织，如何给自组织创造生长土壤，是很关键的命题。

法国电信的经营品牌 Orange 就是个典型的例子。Orange 的“创业”参与平台 idClic 彻底改变了企业的创新来自员工意见箱的方式。任何员工都可以提出建议——比如，在流程优化、设施升级或产品改造等方面，员工可以通过博客宣传自己的观点或是通过评论其他人的想法而获得关注。2007年，Orange曾在一个月之内收到21 000条建议，2008年同月这个数字翻了一倍。这些建议中有2 300多条已经被采纳实施，为公司带来了4亿欧元的收入和成本节约。通过促进内部创业，Orange进行了在传统的层级结构中无法实施的革新。

Orange果断地选择了通过Livebox实验室向外界公开自己的创新过程，这个实验室其实是一个网上平台，提供各类信息，从技术规范到Orange家庭网关的连接。实验室鼓励个人提交B2B的合作想法，鼓励小企业提出产品设计。对于想要从事互补产品的外部潜在合作者来说，如何获取信息是很关键的一步。Orange的社交网络专家阿尔班·马丁指出，和竞争对手"分享秘方"肯定是有风险的，但最终公开秘方的收益却远大于风险。Orange已经通过Livebox实验室收到了外界很多的建议，并且已经推出了几种利用这个渠道设计的产品，比如直播电台，它通过无线设备汇聚了成百上千的网络版电台频道。

同Livebox实验室一样，"Orange梦想"也是为适应大众市场而诞生的创新平台。这个网络参与平台使得马丁所谓的"创新超速度"成为可能，创新超速度就是快速地测试设计理念、实物模型，或者尽快地和早期使用者共同检验初期的想法，包括各类工程设计院校的学生。不然，Orange的研究人员就无法在创新过程的初期检测其想法和理念。反过来，早期使用者可以直接接触Orange的研发部门，与工作人员交流心得。

Orange这些新打开的创新通道带来的益处主要有两个。第一个是产品和服务的受众面扩大，企业现在可以吸引一部分对前期信息感兴趣的群体，Orange觉得在技术细节方面，前期信息比价值链末端的大众市场沟通要丰富得多。第二个是这些领先用户和早期使用者的反馈有助于接下来的研发和营销过程。设想Orange的整个团体包括1%的内容提供者、10%的评审员和89%的搭便车者，如果体系中没有早期使用者，就不会有搭便车者，也就不会有大范围的受众。

法国电信设置了“Orange 伙伴营地”，目的是深化与企业开发者的关系。

营地分为两个领域：开发者娱乐地带和“狂舞区”，都是用来开发和检测新产品与新服务的。2008 年举行的营地活动有 100 个会议和研讨会，其中一些还包括了竞赛，活动的结果是推出了 13 个应用程序接口（API）。

Orange 还将一些新兴公司与风险投资家联系起来，帮助新兴公司争取发展的空间。一位投资家说道：“我发现 Orange 营地的气氛特别惬意，讨论商业机遇的同时还能结交新朋友。”

“Orange 伙伴项目”也是一个旨在与开发者社区建立联系的计划。这个项目鼓励开发人员使用 Orange 的产品和 Orange 的应用程序接口，Orange 有时候会为他们专门开发按需随选产品。公司利用技术资源建立了一个平台，以供那些想要调整 Orange 网站服务的人使用。网站用户从 2003 年的 200 人增加到了 2008 年的 60 000 多人。现场活动是这个项目的关键因素，跟营地模式相似，参与者提出一个主题与 Orange 展开讨论。

合作伙伴活动的气氛都很轻松，因为这些活动都在全球的度假胜地举行。关于产品创新的设想在 Orange 伙伴营地现场被测试，Orange 和开发人员携手解决焦点问题。Orange 还利用这些营地组织外部开发人员或者新兴企业和 Orange 产品经理进行“快速约会”。一些商业新概念在这种营地诞生。

用众包实现营销突破

很多世界 500 强企业这些年开始减少在传统广告渠道上的投入，而把节省下来的这些预算中的一定比例用于众包。因为这些企业发现：众包其实是一种非常有效的营销方式、营销渠道。

案例：众包是公益营销的未来[①]

百事可乐连续23年在超级碗投放广告，仅1999—2008年这10年间，在这一赛事投入的广告费用就高达1.4亿美元。但2009年1月，百事突然宣布将停止在超级碗投放广告，转向针对社交媒体开展一项名为“百事焕新”（Pepsi Refresh Project）的营销项目。

百事焕新项目是伴随百事换标、改品牌口号等一系列变化而推出的。2009年，百事可乐发布了全新标志——百事笑脸，目的是希望给消费者焕然一新的感觉。“刷新一切”（refresh everything）便是根据换标提出的新口号。百事可乐公司还宣布，三年内将投入12亿美元在全球推广全新品牌以及新品牌标志。

新一轮大规模的品牌推广活动随之在北美市场展开，在纽约时代广场推广新品牌形象，利用新标志中的“O”来表达不同的含义，将品牌与“乐观、WOW、幸福快乐”和“爱”相关联，鼓舞人们在经济衰退时，更要保持乐观、快乐的态度。

然而，直到此次推出百事焕新项目，百事才为品牌新口号赋予了实际意义，即帮助那些有能力、有想法的人或机构，实现有社会价值的项目，让世界更美好。之所以强调“有社会价值的项目”，是因为百事的目标群体——千禧世代（出生于1980—2000年的一代年轻人）开始关注企业社会责任。调查显示，69%的千禧世代在购物时会考虑品牌在社会和环境领域的公益努力，更有89%的千禧世代表示会转而选择那些大力实现社会责任的品牌。

---

① http：//www.execunet.cn/newsinfo.asp？id=41227.

百事焕新活动对美国 13 岁以上的个人、组织和企业开放，只要参与者在活动官网提交对社会有帮助的策划案，就有机会获得由百事提供的价值 5 000～250 000 美元不等的基金。

活动所设定的议题都属公益性质，包括：健康、艺术文化、食物与住所、环保、社区、教育，共 6 个领域。

百事的合作伙伴包括："GOOD"，一个领先的思想与行动平台，不断致力于推动世界向前发展；"Global Giving"是一个线上市场，为那些想改变社区及世界并拥有创意的人们与那些可以为这些人提供支持的人们搭起互通桥梁；"Do Something"是最大的非营利性青年慈善组织。Global Giving 负责审查竞赛参与者，确保他们满足要求——比如，确保提交的想法不包含不雅的内容或涉及某些特定党派的政治主张。

活动持续一整年，投入资金达 2 000 万美元。每月接受前 1 000 组报名，并由网友投票决定每月获胜的 32 组提案。在项目的执行过程中，百事可乐除了会提供资金赞助，还帮助获得基金的人扩大资源，例如把他们的项目介绍给感兴趣的人或组织以共同执行，从而扩大活动的影响力。

百事可乐推出了由非营利性领域的领袖组成的顾问委员会，他们拥有在各个获奖领域的丰富经验。他们中有 CEO、基金会主席和一些在社会公益领域最富创新性的思想家等。他们当选是凭借已被证实的履历和为推动世界发展所做出的贡献。顾问委员会成员是无偿服务的，他们不会对投票或者奖金派发产生任何影响。

百事还组织了一个大使团队，这些大使是在这 6 个新兴领域获奖的领导者。他们包括初创公司的创始人、活动家及社区发言人。大使们的工作是在其所属的领域内，参与到非营利性社区中，启发富有创造力与创新性的想法。这些大使们将从收到的申请中总结出趋势，并邀请各自领域的思想领导者提供有希望的创新性想法。

百事焕新不再是仅仅针对某一时间段的独立事件营销，而是一次持久战。从活动前期宣传到后期执行，网友既是参与者，又是宣传者。在活动前期，主要通过百事官网、活动官网、博客和活动的 Facebook 粉丝主页宣传；活动期间，网站公开邀请网友投票，参赛者为了拉票，会调动更多的朋友，借助自己的 Facebook、Twitter 等一切可能的渠道去影响更多的人；到了提案执行阶段，每月胜出的 32 个提案的执行进度、成果报告等以图片、影片、博文的形式呈现，再次成为参赛者在活动网站、博客、Facebook、Twitter 等渠道上进行二次传播的绝佳素材。这样的周期会循环 12 次。

公益项目对所有人开放的另一个好处是，可以无偿吸引到明星的加入。在提交策划案的参与者中，不乏有名人的身影。明星的参与自然吸引了更多的眼球。

从百事焕新项目可以看出，百事在这一阶段追求的是深度，希望能打动年轻消费者的心，赢得美誉度，增加品牌资产，而不是过去凭借超级碗广告所达到的广而告之的效果。

那么，这一竞赛与其他的在线竞赛的区别是什么？首先，之前从未有这样一个可信的品牌参与到社会公益的工作中来，并带来了百事焕新项目所能提供的资源。百事可乐给出了 2 000 万美元奖金，并邀请大众以公开投票的方式评选出最佳创意。其次，奖励金额设置了不同的额度，以支持小到社区花园大到开创性的医学研究等各类创意。

百事焕新项目不同于其他项目的原因在于，它覆盖了更广的创意范围，而且要求参与者在长达一年的时间中需要不断付出努力。

试想一下，要传递“百事让世界更美好”这样空洞的讯息，究竟是对一亿观众曝光 30 秒的电视广告有效，还是一个“你的朋友改变世界”的故事更让人信服？

通过百事焕新项目这样收集消费者智慧的众包平台，百事可以将公益活动的设计、执行，甚至传播承包给广大网友，并提供相应的激励政策维持参与者的兴趣。采用这种众包模式，更加容易拉近百事品牌与身兼价值创造者角色的用户之间的距离，建立品牌情感。同时，将大量众包参与者的个人社交网络纳入百事的传播网络，每月1 000个提案意味着至少有 1 000 个自动免费宣传的参赛者，自发向朋友宣传，使得公益营销更具公信力，利于树立其负责任的公司形象。

将公益营销通过社交媒体众包给网友，百事并不是第一家这样做的企业。美国运通针对持运通信用卡的用户举办了一个名为“会员项目”的活动。持卡用户上网发表改善世界的方案，只要其他卡友认同，获得最多投票的前 5 个项目提案可以平分由美国运通提供的 250 万美元基金。

除了自己建立分享的平台，企业也可以借助现有的社交媒体。如果将 500 万美元交予 300 万 Facebook 用户，会发生什么？2009 年 11 月，美国 Chase 银行赞助的网络慈善大赛——“Chase 社区捐献大赛”（Chase Community Giving，简称 CCG）在 Facebook 上启动。网友只需登录 Facebook 账号，在比赛期间通过 CCG 网页为任一慈善机构投上一票，获得最多投票的慈善机构将获得由 Chase 银行赞助的 100 万美元大奖；第二至第六名将分别获得 10 万美元奖金。

众包平台将乐于提供创意的用户聚集在一起，形成一个连接紧密的社区，由用户贡献创意、自发向亲友传播，影响力随之向外辐射到一般大众。

公益营销这种对众包的创新式运用，解决了公益营销的核心问题——

信任。这是否意味着众包代表了公益营销的未来？

因为共同的兴趣爱好而聚集在一起，或以个体的形式，或以团体协作的方式，自愿为某一种生产或研究贡献自己智慧的人，在《众包》一书里被称为“影子劳力”。他们跟企业或机构没有固定契约，可以不像普通员工那样履行合同所规定的各种组织义务，但同样可以参与企业生产、营销及服务等组织的运营环节。影子劳力与传统组织的关系，可以说完全由个人的爱好、兴趣——一种精神的价值力量来维系，它代替传统的契约，成为众包的价值基础。

下面再来看乐高公司的众包式营销案例。乐高公司致力于用“群体创造”的方法设计产品。

案例：乐高积木的实体体验和数字体验①

乐高的核心仍然是标准化的实体产品，那就是我们童年时代玩的乐高积木。

乐高工厂是乐高公司首创的几个群体创造尝试之一。消费者可以使用乐高数字设计师这款软件，凭自己的想象设计模型。消费者只需下载免费软件，就可以从零开始设计模型，或者在一些启动模型的基础上加以设计。设计完毕，顾客便可以把自己设计的模型上传到乐高工厂图库，用户所有的设计都可以在这里被储存并分享。设计者可以选择支付一定的费用让厂家把自己设计的模型制造出来。

通常，顾客设计的产品都会在盒子上印有顾客的照片，还有自动生成的使用指南。乐高公司会在顾客设计的众多模型中选择一些最受欢

① ［美］文卡特·拉马斯瓦米，佛朗西斯·高哈特：《众包2——群体创造的力量》，55～57页，北京，中信出版社，2011。

迎的模型投入大批量生产。所有这些个性化产品都是以乐高的标准积木和其他装饰性积木为基础的。乐高公司还与个体零售店密切合作，开发个性化产品。

在乐高工厂内部，公司已经构建了一个网络社区，通过留言板和“我的乐高网络”网站，吸引了4亿人的参与。通过这些论坛，公司与积木爱好者展开对话，促进了彼此之间的交流。

乐高公司的核心受众是儿童，同时，一大群成年的“超级用户”也会参与到产品创意开发中来，抑或发明出全新的产品。举个例子，那就是“乐高建筑”系列知名建筑模型。乐高集团“消费者洞察和体验创新团队”负责人塞西莉亚·韦克斯特伦这样形容“乐高建筑”系列：“乐高建筑系列是由积木爱好者在乐高这一平台上创造的事业，它给纪念品产业带来了一场彻底的革命，并且吸引了另一个群体的注意。”通过建筑系列，乐高成了那些身为建筑师的乐高超级粉丝的供应链，为建筑师们提供设计灵感，这些建筑设计则会被设计者和乐高社区宣传到世界各地。

乐高最新的网络产品是一个虚拟的网络世界，名叫“乐高宇宙”。乐高宇宙包含一款大型多人在线游戏，玩家可以在网上创造出自己的“阿凡达”。“乐高宇宙”将动画环境和人物、建筑物融为一体。每个玩家的“阿凡达”都是一个定制的数字人偶，由标准的乐高组件制作而成。玩家可以在网上创建角色、发动战争、摧毁建筑，或者简单地摆弄摆弄积木。乐高公司首席体验官马克·威廉·汉森曾提到：“我们要把数字游戏和实体游戏联系起来。实体体验是我们的核心，数字体验永远也不会取代实体体验，但是数字体验是一个不错的附属品。”就像在乐高工厂里那样，消费者可以在网上订购实体产品，可以让公司把实际的积木送上门。

乐高头脑风暴系列机器人是乐高公司第三大群体创造的尝试。消费者可以用熟悉的乐高积木制作机器人。头脑风暴 1.0 于 1998 年问世，以微型计算机和按扣式红外线传感器为特点。用户可以将自己的电脑当做沙盒，编写计算机代码，并将所有代码拼凑在一起，制作出机器人，其过程就像搭乐高积木一样。令公司不可思议的是，头脑风暴系列让千千万万的成年人重新回到了童年，头脑风暴的用户中有一半都是成年人。同时，独立网站迅速涌现，让爱好者们分享经验，制作出不同种类的机器人，比如分拣机机器人、防盗警报机器人、陆虎机器人等。久而久之，头脑风暴的爱好者开始用高级程序设计软件进行试验，这些软件均由其他公司提供，比如美国国家半导体公司。为了保持这些软件使用者的兴趣，国家半导体公司将其制作机器人的工序展示出来作为回馈。这样，一个完整的生态系统建立了起来。

乐高将其设计为开放模式，邀请乐高迷们参与程序编写，共同设计头脑风暴的用户界面。2006 年秋天，乐高推出“头脑风暴 2.0 NXT”，拥有可编程的“智能砖”，以及新的移动触摸功能，还有一系列新的传感器，如陀螺仪、加速器等。NXT 拥有一个名叫“虚拟仪器”的程序设计界面，该界面由乐高公司和一些乐高爱好者共同开发，其中很多乐高迷都拥有机器人学的高级学位。

乐高的大批申请人中有很多已经为头脑风暴专门撰写博客，公司从中挑选出几个机器人爱好者，让他们接触到公司的内部信息，鼓励他们发表对 NXT 的印象。乐高也创立了留言板，供用户讨论新产品的使用体验，同时也鼓励用户将自己的创造发明拍成照片，上传到网站与大家分享。从那开始，乐高公司与顾客社区的接触不再限于产品的设计、开发和营销过程，公司还鼓励社区超越乐高的掌控，发挥比扩展公司的开发资源更大的作用：他们代表着一种全新的人力资源，与公司员工创造性地联系在一起，组成新的竞争力基础。

用众包提升客户体验

2008 年 3 月，星巴克推出了公司的第一个社会化媒体网站——“我的星巴克点子”（www.MyStarbucksIdea.com，简称 MSI）。该网站就像一个即时、互动的全球性客户意见箱，消费者不仅可以提出各类针对星巴克产品和服务的建议，对其他人的建议进行投票评选和讨论，而且可以看到星巴克对这些建议的反馈或采纳情况。

对于星巴克来说，公司由此从消费者那里获得了一些极具价值的设想和创意，用来开发新的饮品、改进服务体验和提高公司的整体经营状况。更为重要的是，通过 MSI 网站与消费者进行交流，强化了广大消费者，特别是一些老顾客与星巴克的关系和归属感，也提高了星巴克在广大消费者心目中关注消费者和悉心倾听消费者心声的形象。

“星巴克的领导们已经总结出了从异议中吸取和学习经验的方法，这无论是对公司整体还是对消费者个人而言，都大有裨益。领导者不仅将注意力放在了问题本身上，还邀请持异议的人共商解决问题的方法，以图有效解决公司的不足和社会中存在的问题。另外，这样的态度还将一些原本抵制星巴克的人转变成了公司的拥护者，真是一石二鸟。”①

MSI 网站共有四个组成部分：share（提出自己的建议）、vote（对各类建议进行投票评选）、discuss（和其他用户以及星巴克的“创意伙伴”进行在线讨论）、see（了解星巴克对一些建议的采纳实施情况）。从创建之日起网站就形成了巨大的流量，在创建的头 6 个月，MSI 网站共收到了约75 000

① ［美］约瑟夫·米歇利：《星巴克体验》，1 版，113 页，北京，中信出版社，2012。

项建议，很多建议后面可以看到成百上千的相关评论和赞成票。

在MSI网站上，星巴克目前派驻有大约40名“创意伙伴”，他们是公司内咖啡和食品、商店运营、社区管理、娱乐等许多领域的专家，负责在线听取消费者的建议、代表公司回答提出的问题、交流星巴克采纳实施的消费者建议和正在进行的其他项目。

MSI网站创建之初，就遭到星巴克公司内外很多人的质疑。人们的质疑主要集中在MSI网站能否对星巴克开发新品及改善消费体验有所帮助。很多人认为，真正的具有突破性的创新很少来自客户的反馈，按照亨利·福特的说法，“如果我去询问我的客户想要什么，他们肯定会告诉我要一匹更快的马。”单从搜集消费者点子的角度来看MSI网站，应该说上述的质疑不无道理。据统计，有超过50%的建议是索要免费产品和服务的，很多的提议重复或缺少新意。即使是MSI网站所统计出的前10个“big idea”，也很难说服人们这些创意真的对提高星巴克的业绩有所帮助。

MSI网站所耗不菲，特别是人力成本投入巨大。尽管“创意伙伴”已从原先的46人减少到了40人，但是为了一个公司网站投入这么多的人力和时间，还是一笔不小的开销。人们会问，这么做值得么？消费者的“点子”和“创意”，真的是星巴克开设MSI网站的所欲所求吗？作为星巴克第一个对外的社会化媒体平台，MSI网站到底为星巴克提供了何种价值呢？

星巴克出售的并不是咖啡饮品本身，而是一种以咖啡为载体的独特体验。要吸引新的消费者或让老顾客频繁光顾星巴克，关键是让人们在店内获得一种独具魅力的消费体验，并为之深深吸引、欲罢不能。

公司创始人和CEO霍华德·舒尔茨很早就意识到，这种体验最终需要店内的“咖啡师傅”通过制作可口的咖啡饮品、营造富有情调的店内环境和提供亲切优质的服务来传递。

由于很多“咖啡师傅”是二十出头、在星巴克兼职工作的毛头小伙，星巴克面临的最大挑战是怎样吸引、激励和留住这些处在第一线的员工。

只有建立企业与员工的良好关系，星巴克才能经由热情专注的店员，为客户提供能吸引他们不断光顾星巴克的消费体验，公司的发展才能有一个坚实的基础。

自1971年星巴克于美国西雅图开设第一家咖啡店以来，星巴克已经在全球开设了数千家店铺。根据一项1998年的统计，每星期大约有五百万消费者光顾星巴克咖啡店，忠诚客户每月平均光顾星巴克咖啡店15～20次，其中不少每天都要光顾星巴克，把其视为有别于家和工作场所的“第三空间”。忠诚客户对于支撑星巴克咖啡店的日常运营和成长扩张，起到了至关重要的作用。

“星巴克崛起之谜在于添加在咖啡豆中的一种特殊的配料：人情味儿。星巴克自始至终都贯彻着这一核心价值。这种核心价值观起源并围绕于人与人之间关系的构建，以此来积累品牌资产。舒尔茨相信，最强大最持久的品牌是在顾客和合伙人心中建立的。品牌说到底是一种在公司内外（员工之间、员工与顾客之间）形成的精神联盟和一损俱损、一荣俱荣的利益共同体。”

从某种意义上讲，星巴克的咖啡饮料（或其富有魅力的店内环境）只是其核心竞争力最外在的一个载体。星巴克有别于其他咖啡连锁店并获得持续高速增长的内因，是与一线员工和忠诚客户建立了紧密的“关系”，依靠这种“关系”而激发的一线员工对工作的热情和老客户对星巴克咖啡店的忠诚，星巴克才获得了发展和扩张的客户资源、声誉和财力。关系是星巴克的核心竞争力。

如果说星巴克的员工福利服务于与员工建立“关系”这一目标，那么，MSI网站则服务于强化其核心竞争力的第二个“关系”，也就是与消费者特别是忠诚客户的“关系”。对于星巴克来说，目前企业已经形成了庞大的规模，维系客户忠诚度，相比于吸引新的消费者，不仅更具可操作性，而且也有助于降低平均销售成本，建立和加强与忠诚客户的关系，具有战略上的重要意义。

回头再看2008年3月MSI网站刚刚创办时，人们的众多质疑大部分停留于MSI网站的“显性”的商业目标——搜集客户点子和创意，而忽略了其“隐性”的商业目标——维护和加强与消费者特别是忠诚客户的紧密联系。而后者，正如一些IT评论家所指出的，并不取决于顾客是否能提供好的点子和创意，也不取决于星巴克是否能从这些点子和创意中节省多少市场调研或产品研发的费用，而只取决于星巴克和众多消费者能否借助MSI网站形成一种诚实、透明和及时的互动，形成一种“精神联盟”般的紧密关系，这才是MSI网站的真正价值。

星巴克的灵魂人物霍华德·舒尔茨幼年时在一个属于“贫民安顿计划”的社区中长大。在他7岁那年，父亲因一场事故失去了货运司机的工作，因为缺少医疗等基本保障，家庭因而陷入了极端困窘的境地，舒尔茨甚至要靠卖血才能读完大学。舒尔茨回忆道：“我永远也忘不了那段日子……那一段痛苦不堪的经历让我体会到，一个有向心力的群体，对每个个体都应该有充分的照顾，这样才能增加个体对这个群体的认同感。因此我决不会让这种事情（父亲的遭遇）发生在我的雇员身上。”

舒尔茨贫寒的家庭成长经历塑造了他的人生价值观和行事风格，他从小就理解和同情生活在社会底层的人们，这在以后直接影响到了星巴克企业文化的塑造，形成了尊重普通员工、重视沟通和交流，把“人”放在首位的企业文化。可以说，星巴克的企业文化深深地烙有创始人舒尔茨的印记。

星巴克独特的企业文化体现在企业的方方面面，最为人所熟知的是星巴克怎样善待其最基层的普通员工。“星巴克要打造的不仅是一家为顾客创造新体验的公司，更是一家高度重视员工情感与员工价值的公司。霍华德·舒尔茨将公司的成功归结于企业与员工之间的‘伙伴关系’。他说：‘如果说有一种令我在星巴克感到最自豪的成就，那就是我们在为公司工作的员工中间建立起的这种信任和自信的关系。’”

舒尔茨曾介绍："我们每年花的广告费用只有区区 1 000 万美元，和那些擅长做市场的企业相比，这点钱可能还不够一个零头。我们没有复杂庞大的广告和市场推广活动，这里面的奥秘就是我们始终强调的可持续发展。"星巴克在短时间内名列全球最有价值的百大品牌，但有趣的是星巴克并不推崇做广告，在它所进入的 30 多个国家里都是如此。"品牌不是一张广告，**品牌活在我们员工与上门的顾客的互动中**。我们一直努力建立的是顾客在我们店里所能体验到的特殊感受，这是通过我们员工的每一次服务和每一个顾客建立起的特殊体验。"

星巴克通过一系列事件来塑造良好口碑。例如，在顾客发现东西丢失之前就把原物归还；门店的经理赢了彩票把奖金分给员工，照常上班；南加州的一位店长聘请了一位有听力障碍的人，教会他如何点单并以此赢得了有听力障碍的人群，让他们感受到友好的气氛等。简而言之，"星巴克的品牌传播并不是简单地模仿传统意义上铺天盖地的广告和巨额促销，而是独辟蹊径，采用了一种卓尔不群的传播策略——口碑营销，以消费者口头传播的方式来推动星巴克目标顾客群的成长。"

作为一家非 IT 企业，星巴克会不会在理解和采用互联网社会化媒体进行营销传播上遇到一些困难？这是很多人都会产生的疑问。戴尔公司令人眼花缭乱的社会化营销，被不少人归因于近水楼台先得月——身处 IT 行业特别是电子商务领域，该公司熟知互联网传播的特性。在星巴克 MSI 网站创办之前，舒尔茨还特意为此求教过迈克尔·戴尔，说 MSI 网站模仿甚至脱胎于戴尔的"点子风暴"网站并不为过。但是真正推动 MSI 网站以及星巴克其他社会化营销举措的力量，并非技术，而是公司领导层对于社会化营销"内核"的准确把握，以及一个与社会化营销"内核"相互包容相互促进的企业文化。

社会化营销的"内核"是借助互联网平台，通过诚实、公开和平等的交流，与消费者（或供货商、投资者、社会公众等）建立一种良好关系，以帮助企业商业目标的达成。在这里，“交流”和“关系”不仅是手段，在很大程度上也是社会化营销的主要目标。舒尔茨的价值观和行事风格，以及星巴克的独特的企业文化，与社会化营销这一“内核”的高度契合，是促使星巴克成功推出和运行MSI网站的真正的第一推动力和主要因素。一些企业迟迟无法理解社会化营销，或者虽然追随潮流采纳了一些社会化营销的元素，但是最终却把事情搞砸，根本原因也是其领导层和企业文化，无法与社会化营销的“内核”相融合。

不同行业的企业都可以拿众包来作为“体验营销”的一种高效方式，比如下面这个例子就是属于旅游行业的。

案例：俱乐部旅游观光株式会社中的现场会议[①]

人们出于某种目的聚集在一起召开会议，这是一种最简单的参与平台。会议按结构化流程进行，人们参与“群体创造”的过程，在设计产品服务体验的过程中扮演着重要角色。日本的俱乐部旅游观光株式会社就是采用这种方法的典型范例。

俱乐部旅游观光株式会社是日本第二大旅行社——近畿日本旅游株式会社——的一个分支机构。该旅行社构建了一个个俱乐部式的“主题社区”，拥有700多万社区会员，显示出这种“主题社区”的强大力量。俱乐部旅游观光株式会社不仅仅推销旅游服务，还与顾客、员工以及航空公司和连锁酒店等合作伙伴群体创造新的体验。该企业设有200多个不同的“主题俱乐部”，为志同道合的人们创造参与平台(比如品茶俱乐部)。

---

① ［美］文卡特·拉马斯瓦米，佛朗西斯·高哈特：《众包2——群体创造的力量》，42～44页，北京，中信出版社，2011。

俱乐部旅游观光株式会社特别指派一些员工，作为“友好员工”，经常与各个俱乐部进行交流互动，集思广益，设计新的旅游线路、改进现有的旅游服务、创造有吸引力的新式体验。在此过程中，企业可以获得对新的旅游和相关活动的早期创意和想法。现在，让我们想象一下，十几个茶艺爱好者被俱乐部旅游观光株式会社邀请到东京或大阪的一幢写字楼内，在“友好员工”的帮助下，品茶俱乐部设计出一次旅游，组织顾客们可能感兴趣的活动，比如参观茶园，或者学习了解茶叶的药用价值。俱乐部旅游观光株式会社也非常重视专家资源的开发，比如邀请茶道方面的行家，以及众多与俱乐部主题相关的专家。俱乐部贴近并鼓励以往参加过相关旅游活动的顾客贡献出一些照片以及其他内容。

比如一次俱乐部会议中，一位会员和一位员工播放幻灯片，与大家一起分享照片和经历。其间，其他会员也会畅所欲言，讨论如何提升今后的旅游服务——比如，对各种不同种类的茶叶进行取样，开展关于茶道礼仪的活动等。

俱乐部旅游观光株式会社的友好员工有着双重角色：一方面听取会议中来自各方的意见和建议，并尽力将这些看法综合考量后加入旅游计划当中；另一方面，她（这种协调员大多数情况下由女性担任）将合作伙伴提出的对于旅游细节的具体事宜传达给各个小组。

关键在于人们可以提出问题，参与对话，深度讨论他们的旅游体验。

俱乐部旅游观光株式会社吸引了众多年长的旅游爱好者，这些人可以选择在旅游淡季出行，这样就可以获得更加低廉的住宿费用，从而减少了旅行成本，而该旅行社也就获得更多收益，避免了旅游旺季时与旅游承包商之间的讨价还价。那些尝试过这种新型旅游的人们就是最好的“代理商”，将这些精心设计的旅游行程介绍给其他顾客。很多最初参加俱乐部的会员们也会被公司聘为协调员或者导游，参与之后的旅行。

这种全新的旅游概念一旦成熟，并成功完成第一次试验，旅行社将进入大众营销环节。该公司的营销手段并不需要太多的科技含量，包括分发商品目录，这需要雇用兼职人员骑着自行车挨家挨户地分发。这些兼职雇员通常来自顾客，被称为企业的“宣传员工”，他们在旅行社的顾客关系中扮演着重要角色，因为他们的造访对独自生活的老年人来说可能会是一天中最高兴的时刻。

“宣传员工”一方面扮演着俱乐部旅游观光株式会社的“福音传播者”，另一方面，他们也将顾客的兴趣反馈给旅行社，促进公司创新，设立更多的新俱乐部。这是一个将顾客提升至公司内部人员的系统化过程，这样，公司就可以专注于顾客体验了。另外，这一过程也消除了雇用新职员可能带来的风险，因为那些老顾客在公司的眼中代表着一个已知的群体。

在旅行开始之前，俱乐部的会员们在旅行社的教室中开会。教室名叫“智慧屋”，会员们在其中展开自由讨论，学习旅行目的地的历史人文知识。旅行结束之后，会员之间会分享此次旅行的经验。同时，会员们也会将经验与“友好员工”分享，后者会将这些经验一一记录下来，并从中了解顾客体验。这些会议的指导老师均来自俱乐部旅游观光株式会社的顾客群，其中很多都曾经从事过教师职业。

俱乐部旅游观光株式会社与消费者进行面对面的互动，显示出巨大的群体创造力。虽然一些传统旅行机构也会从事此类活动，但是俱乐部旅游观光株式会社在旅行前后的旅行体验上却花了相当大的心思，这一点在旅游行业的确是独一无二的。公司将旅行体验形容为一个循环，该循环以富有想象力的设计为起点，将旅行体验贯穿于实际旅行的始终，在旅行结束后还会对整个旅行的情况进行正式汇报，最终给顾客留下此次旅行的美好回忆。旅行社的员工也将自己的业务视为对整个循环体系的支持，而不仅仅是在过程中间组织一下而已。

俱乐部旅游观光株式会社的成功在于：它成功地将自身角色重新定位，不再是以往的“节点公司”，而是在顾客、合作伙伴和社区资源三者之间架起了连接的桥梁，使自身免受旅游业兴衰的影响。因此，俱乐部旅游观光株式会社已经成长为近畿日本旅游株式会社最重要的子公司之一，在销售收入和盈利方面都独占鳌头。

用众包加强内部沟通

很多企业都会设置客服中心，接受客户的投诉、意见。企业往往把客服中心视为顾客购买商品或服务之后与企业之间的第一个接触点，然而顾客在客服中心的体验经常是费力伤神且毫无效果的。有趣的是，客服中心带给顾客和客服代理商的体验往往都是负面的。实际上不应该是这样的。客服中心是企业的一个没有得到充分利用的机会，可以成为企业与顾客之间“群体创造”的桥梁。客户中存在着很多高手，完全可以通过客户服务中心这个纽带把客户当中高手的智慧吸收到企业里来。

2005 年，雀巢公司在东京的一家内包客服中心进行试验（“内包”指的是客服中心的工作人员全都是雀巢的员工，而不是将客服中心承包出去）。雀巢客户关系总监藤崎淳平发起了一项“对话式客户关系管理”计划，特别强调客服中心的作用。这样的代理人要比在传统的外包客服中心轻松多了。他的目的是要保证所有员工都高兴，因为如果员工不高兴，他们就不会主动参与到与顾客的对话当中。最重要的是对话的质量，以及员工主动倾听和善于探索的品质。这些员工都经过特别的培训。这些面对顾客的员工不再被简单地称为“工作人员”，而是被称为“热线经理”，这反映出中心员工对顾客体验有着不同寻常的影响。

客服中心的员工们时常起身到屋子中央，写下一些她所收集的想法(所有的客服员工均为女性)，并注上自己的名字。产品开发部门或市场营销部门和客服中心在同一层楼，但在不同的两端，这些部门的员工们也时不时地过来瞧瞧客服中心员工写下的想法和评论。如果看到感兴趣的东西，他们就会安排进一步的探讨。这样一来，客服中心的员工们就积极地参与到了新产品的开发过程中，并与顾客一道对新产品的营销进行微调。每个月，经各部门经理的评选，都会颁发一个“最佳群体创造创意奖”。

可以作一个对比：日本的雀巢客服中心让员工们的自身价值得以实现，而传统客服中心却用“平均处理时间”来衡量员工的业务水平。同样，这种体验质量的提高与顾客也是分不开的。2005 年，有 150 多万人呼叫了雀巢的客服中心，并积极分享了自己的经历和体验。

在新兴市场中，客户服务中心可能成为客户实验的最佳场所，在这里可以激发很多的想法和创意。一个鲜明的例子是某手机公司的顾客关怀中心，该中心处理修理手机等售后服务问题。每年，这家手机公司都会推出很多新的手机型号，同时，这些新的手机产品也面临着售后服务不到位的挑战。

为了缩短“应答时间”，并在每一个接触点上为顾客提供最优质的服务体验，2006 年客服团队开始探索如何用“群体创造”的思维来改善和提高客户服务质量。

客服中心的员工们开展了一系列关于“群体创造”机遇的研讨会，之后，员工们开始用一种“不同的耳朵”倾听顾客的来电。客户服务部门的经理们在关注电话服务效率的同时，也开始注重顾客体验。他们开始看到群体创造的商机，想象新的试验。比如，如果客服中心不再坐等顾客来电，而是主动出击寻找顾客，将会怎么样？于是客服中心的员工主动联系之前致电的顾客，发现很多顾客愿意花钱让客服中心的人上门将出现故障的手机拿回店中维修。如果手机严重损坏不能维修，顾客愿意临时换一个能用的手机，只要原有手机中的电话簿和其他存储内容能传到这个新手机中，还有必须是充满电的。这种简单的想法激发了更多的创意，比如“手机维修流动车”的推出。流动车开到挑选出的几家经销商店门口，可以进行简单的现场维修，或者将手机拿回维修中心进行修理，并在几天后送还到经销商的店中。很多经销商对流动车非常感兴趣，并与其他经销商在“流动车停在谁家门口”方面展开竞争，甚至提出分担一些流动车的运营成本。就这样，这个品牌手机的经销商们形成了一个社区群体，在顾客与公司两者之间创造了新的维修体验，而这一过程正是一个“群体创造”的过程。

与此同时，群体创造团队也在设想，如果将客服中心的维修过程对顾客完全透明化，将会是什么样子？很多顾客都表示，想知道自己价格不菲的手机是如何在后台修理的。在客服中心接听顾客电话的时候，很多关于背景的“软信息”并没有被录入数据库，比如“手机之前掉入了水中”，或者“这个故障已经发生过好多次了”。群体创造团队意识到，要保证故障描述的准确性，最好的方法就是将数据库对顾客开放，也就是说让顾客自己添加手机故障信息。这样不仅降低了公司的成本，而且创造了更好的顾客体验。

同时，企业开始认识到客服中心巨大的潜在作用，它能够将顾客的想法和见解传递给软件开发团队，让他们开发出新的适合该地区市场的手机软件。软件开发是一门微妙的艺术，因为无论开发商们有多么天资聪颖、技艺精湛，都无法预测出所有的手机使用情况。这就会导致软件方面存在诸多困难、故障甚至缺陷。这个问题又因为每年层出不穷的新型手机而变得更加复杂。比如，一位新德里的音乐主持人致电客服中心，建议对邮件列表软件进行修改。在接下来的对话中，团队发现这位音乐主持人已经为该软件进行了重新设计。于是，团队邀请他到公司总部，他为团队展示了自己是如何“修补”该软件的。团队要做的就是将他的修缮直接导入该软件，一个新的应用程序就这样出炉了。于是，群体创造团队意识到，客服中心远不只是一个问题库。实际上，它是一个参与平台，吸引数千万用户和公司一道群体创造新的想法和见解，其中有些用户甚至扮演着新开发商的角色。

政府用众包推进社会进步

2009年6月24日，20 000多名英国人联手在网上调查英国议会史上最大的丑闻——数百名国会议员按照惯例提交非法报销凭证，试图以此让纳税人为其数十万英镑的个人支出埋单的事件。最后，数十位国会议员为此而辞职，二十八人在任满前退出政界，四人受到刑事调查，政府勒令追回数百名议员总计112万英镑的报销款，并拟定更严格的新开支条例，激发了彻底的政治改革；而促成这“不可思议”的“平民力量”事件的，竟然是一个，也是全世界第一款大型多人新闻调查游戏实践项目——《调查你处议员的开支》。①

事情起因于英国《每日电讯报》根据泄露的政府文件发现了丑闻并在报上让该丑闻持续发酵了几周的时间，公众对此义愤填膺并要求政府公布所有国会议员开支的详细会计报表。尽管作为回应，政府答应公布4年来国会议员报销的完整记录，但由于数据只有图像格式并且未作分类，甚至还有部分内容被遮盖——这样的回应行为不仅未能使政府成功地摆脱危机，甚至还令民众的不满与自身的错误一并升级——民众认为政府只是敷衍民众，阻止公众对丑闻的调查，并称政府的做法为“抹黑门”(Blackoutgate)。

英国《卫报》的编辑们手里拿着超过100万份未经处理的政府文件，而且数据真假难辨；如果仅靠自己的记者去做整理，简直是完全不可能完成的任务，于是他们决定接入群体智慧——通过把材料开发成一款游戏进而把整理调查工作“众包”出去。通过和软件开发人员西蒙·威利森的开发

① ［美］简·麦格尼格尔：《游戏改变世界》，212页，杭州，浙江人民出版社。

团队的合作，仅用了一周的开发时间游戏就成功推出了。之后仅仅 3 天，20 000多名玩家已经分析了 170 000 多份政府文件文档，实现了高达 56%的访客参与率，甚至远远超越最成功的众包平台——维基百科的 4.6%访客参与率。

让首尔市民成为政府政策和决策制定过程的积极参与者[①]

首尔是韩国的首都，也是世界上科学技术最发达的地区之一。2006 年 10 月，应首尔市长吴世勋号召，首尔推出了一个名叫"绿洲"的网络建议平台，旨在"提高行政管理的创造力和想象力"，并让首尔市民成为政府政策和决策制定过程的积极参与者。此平台的原型是一个名叫"创新首尔项目总部"的内部网络计划，市长鼓励公务员在政府内部网络上围绕三个问题提出建设性意见，分别是：改进工作方法、鼓励市民参与和城市管理透明化。该网站开放后的第一年中，平均每个月都会收到 3 000 条建议，这些建议都由首尔发展研究院收集并评估。政府公务员的工作考核系统以往都是基于工龄和资历的，如今加入了一个绩效指标——那就是要考察公务员在内网上提出了多少意见和建议。这就为普通公民参与决策过程奠定了基础。

新的网站名叫"千万畅想之洲"，简称"绿洲"，旨在吸引 1 030 万首尔市民提出创造性的决策想法。2006 年 10 月至 2009 年 5 月间，超过 425 万市民访问了"绿洲"网站，提交了 33 737 条创意（平均每个月有 1 050 条）。"绿洲"网站不是一个静态的建议系统，而是一个动态的参与平台，其参与者包括三个主要群体：市民、公务员、公有企业。政府鼓励市民参与到与地方政府官员的公开讨论之中，并通过这种方式参与政策制定和政府决策。首先，在"创意和建议"阶段，任何人都能提出关于改善政策的建议。市

① ［美］文卡特·拉马斯瓦米，佛朗西斯·高哈特：《众包 2——群体创造的力量》，北京，中信出版社，2011。

民可以回复其他人提出的建议，以此来显示对某一问题感兴趣。首尔市政府通过这些信息了解市民的需要，判断市民对每个想法的兴趣。此外，一个想法或建议在网站上发布后，便会立即被通报到与之相关的政府部门，该部门有责任对这一建议的可行性进行评价。

下一个阶段是“网上讨论”。政府精挑细选了一群参与者，包括政策专家、公务员，还有一个由志愿者组成的“市民委员会”，他们负责评估提交上来的创意，并将好的创意详细展开，付诸实践。委员会成员是根据市民在“绿洲”项目中的参与度和表现选拔出来的，参考内容包括想法和创意的提交、审阅及讨论。“市民委员会”有 6 个下属分支机构，所负责的领域分别是：经济、文化、交通、环境、福利和市民。截至 2009 年，委员会拥有超过 450 名成员，会员人选每六个月更新一次。在“绿洲”网站上提出的每个月 1 050 条创意中，平均有 120 条会进入“讨论阶段”。在这一阶段，“绿洲”网站会把类似的创意加以融合。比如，在创意提交阶段，市民提出了 741 条关于改善骑自行车环境的建议，其中有 145 条建议修建专门的自行车道，237 条建议修缮自行车道，还有 139 条建议加强自行车道的维护和保养。2008 年 8 月，首尔市政府推出了“自行车友好计划”，“绿洲”网上的那些关于自行车道的建议和意见都是在这样的大背景下提出的。

“绿洲”项目的第三阶段是“离线初步测试”，在这一阶段，“绿洲”会根据创意的可行性和市民的反映情况来评估这些被挑选出的创意。每个月大约有 40 个创意能进入这一阶段。然后，市政府的高层官员会参加一个“头脑风暴”过程，将这些创意和想法融入政策，并付诸实践。局长、主任以及外部专家都会参与，负责执行政策的副手们也在适当的时候加入讨论。讨论过后，市政府召开一次实际工作会议，决定哪些可行的想法和创意能够被采纳。通常，有 7 个创意能突出重围，杀入最后一关。

参与过程的第四阶段，也就是最后一个阶段，就是“首尔政策采纳大会”。这是一个实时的公开会议，大约 200 人共聚一堂，包括创意的提出者、

“市民委员会”的成员、非政府组织、政府外部专家、市民以及市政府的高层官员。大会由首尔市长主持，在互联网上现场直播，由创意的提出者发起讨论。比如，在最近一次政策采纳大会上，一位姓康的先生建议在韩国电影中插入英文字幕，他告诉大家他的这个想法源于他到国外旅游的经历。他在印度和日本试图找到有英文字幕的电影，但始终没有找到，这使他感到作为一个“老外”的孤单和失落。

康先生认为，将韩语电影配上英文字幕不仅会吸引在韩国的500万游客，帮助他们更好地理解和欣赏韩国文化，更能促进韩国娱乐业和流行文化对全世界的推广。在康先生介绍完毕之后，众“网民”可以自由发言，对康先生的发言作出评价。有人评价说，电影中配上英文字幕能帮助韩国人学习英语。然后，轮到“市民委员会”的成员发言，“市民委员会”几乎全票通过将这一想法制定为政策的提议。其中一位委员建议将这一想法延伸至电视节目。然后，公务员参与到讨论中来，说明在编辑字幕的过程中建设电影基础设施的重要性，提出在一些剧院中设立试点项目，并商讨哪些特定的剧院可以作为保护韩国文化的试点剧院。最终，这个关于字幕的创意于2009年初得到试运行。

截至2009年5月，有75条建议通过“绿洲”计划得到了政府的采纳，其中55条得以完成并付诸实践。诸多创意通过“绿洲”计划最终得以贯彻执行，比如，公园中设置免费婴儿车和免费轮椅，缩小井盖上格栅的宽度，以及在汉江上修建过街天桥。被采纳的建议都会发布在“绿洲”网站上，并附有完成计划的截止日期，还有进度条显示其施工进度。建议一经采纳，提出该建议的市民将会获得100美元的奖励，而且每个建议都有可能为该市民带来更高的创意大奖，奖金由500美元至3 000美元不等。没有被采纳的建议和想法也会被张贴在网站上。没被采纳，自有原因，有更加适合的政策已经得以执行，网站会附上关于这些政策的详细解释。市民可以在网站上进行进一步讨论，寻求替代方法，以实现建议中最基本的初衷。

当世界上其他“电子政务系统”都在关注市民的怨言时，“绿洲”计划却让持续不断的行政改革成为可能，提升了公务员的形象，提高了市民对政府的总体信任感。

南里奥格兰德的2020议程①

南里奥格兰德是巴西最富有的州之一，但在2005年它却面临着破产的危险，这是因为公共投资出现了35年来的最低点。1970年以来，每届政府都无法实施有效的国家改革以降低国债。到2004年，32%的税收被养老金所占用，13%的税收用于偿还日益增长的国债。20世纪90年代初期，巴西以商品出口为导向的州（比如南里奥格兰德）不仅承受着本币价值被高估的消极影响，还遭遇了长期干旱所导致的农产品大量减产。人们逐渐明白，没有哪个实体能够凭借自己的力量解决这个州所面临的重大结构问题。补救办法是利用“群体创造”治理模式来制定出一个全国适用的议程。

2005年年末，巴西全国工业联合会——一个权威的跨行业组织——提出了一个草案，要求开启一个为巴西可持续发展设定目标的对话机制。几个州政府和行政部门采纳了这一方案，其中包括南里奥格兰德州。2006年，该州的著名企业家集合公民领袖提出了一个经济和社会复苏的全面计划。州联邦工业部、三家行业协会（FDCL、圣保罗州商业联合会和南大河州商业联合会）以及一家企业协会（FARSUL）聚到一起开始考虑如何扭转经济形势。与公共政策的被动角色完全不同，这些机构决定提出一个社会经济复苏的深化改革方案。

这些机构将这一改革命名为“2020议程”，旨在让更多人参与进来，不仅包括发起组织的内部成员，还包括工会、非政府组织、政府、政治领袖、教育家等。该议程方案中30%～40%的项目都是由私有企业和非政府组织

---

① ［美］文卡特·拉马斯瓦米，佛朗西斯·高哈特：《众包2——群体创造的力量》，北京，中信出版社，2011。

来承担的。但如何解决各方的利益纠纷却是政府官员和立法者所面临的重大挑战——很多时候，这也是造成政治无能的最大原因。要想通过法律、公共政策、政府规划来对复杂问题达成一致意见或制定解决方案，恐怕要花上很多年的时间。

为了启动“2020 议程”，发起人建立了一个“现场”参与平台，供不同的利益相关者达成政治共识、协调游说活动。建立这个平台的目的是讨论政府规划，显然这个过程需要由代表大众利益的各方利益相关者达成共识、设立共同目标。在不同的阶段，志愿者、经济学家、政治家和外部咨询师都在协调和推动这个过程。

当政府制定一个公共议程时，总是自上而下地由领导者带领公务员解决经济和社会问题。而当这个公共议程是由政府以外的力量制定时，就需要各方利益相关者的参与——包括商界领袖和企业家、政治家、工人、教育家、社会活动家等，他们会明确共同的愿景和战略目标。这些参与者必须共同建设一个体系来管理和评估进度，要让选出来的官员承担责任。当各方一起“群体创造”议程时，这个议程其实就变成了一次社会公决，代表了挑战、目标和建议措施的集体共识。当政府和私有部门合作建立共同战略议程时，群体创造的结果就会更加令人满意。

在“2020 议程”的第一个阶段，950 人进行现场会面，他们代表了所有的社会阶层，从社区、工会、协会的代表到商业、学术领袖，再到非政府组织工作人员和政府官员。这个会议被称为“南里奥格兰德 2020 未来愿景”（我们想要的南里奥格兰德），它动员领袖和市民探索他们的过去、现在和未来，以此为背景来制定本州的愿景。

在第二个阶段，参与者一起塑造共同愿景和战略议程，愿景和议程承载了各种为当代和下一代制定的目标、宗旨和行动，同时政府的注意力还集中在战略优先级上。一般来说，人们都认为从长远的角度制定经济和社会工程是很重要的，因为教育和其他基础设施建设的回报需要十多年的时间。与此同时，一个治理议程能够保持每届政府对倡议的承诺，降低由于政府更迭所导致的不连续性，这样才能保证十五年计划的实施。议程需要确定一个社会愿景，以及与之对应的长期目标、宗旨和行动框架，这个框架既可以在政府内部建立，也可以由外部的利益相关者联合建立。

从“群体创造”领导力论坛的 11 个主题出发——市场开发、地区发展、创新与技术、公共行政、基础设施建设、制度和监管环境、财务资源可用性、公民权和社会责任、环境保护、教育、健康——一份战略议程草案浮出水面。5 000 多人和 200 多个市政当局提出了意见，每个主题大约有 400 名参与者。这份共同议程可以作为合法工具来监督政府或公众的行为，政府利用议程进行自我监督，公众利用议程给政府施压，使其不偏离正轨。议程的衡量标准包括联合国人类发展指数（测量生活质量）、基尼系数（测量收入不平等）和国内生产总值。论坛的参与方使用这些标准来公开监督结果，并跟踪各种相应措施。2006 年 10 月，战略议程被提交给两位州政府候选人，他们在 1 000 多名群众和多家媒体面前作出承诺，要实现议程的目标。

然后是“2020 议程”的第三个阶段：系统实施和绩效管理。整个州以不同的形式讨论这个议程，包括与新上任的政府官员进行公开讨论，对措施和整体进度进行审核。相关协调小组帮忙制定战略的优先级，创建了一个包含在线公共论坛的网站，人们可以通过这个网站对议程中的话题进行公开表态和讨论，通过积极的行动体现民主化进程。用这种方法，议程成了治理和绩效管理的“公共观测台”，鼓励每个公共经济实体在战略框架下安排自己的进度，促进公众讨论和对话。时事通信和博客会定期向外公布“反馈的反馈”，以推动持续对话和对议程的重新检验。“2020 议程”是公有和私有部门齐心协力不断创新的成果，力求共同塑造出全国性的战略治理议程。

04

什么是威客

威客概念的出现

青年作家钟二毛在新浪微博“磐石旗厦门”上向本书作者提出一个问题：“什么是威客?”

威客的中文确实让人不明所以，说到威客的英文Witkey还容易理解一些。Witkey是由wit（智慧）、key（钥匙）两个单词组成的，也是The key of wisdom的缩写，是指那些通过互联网把自己的智慧、知识、能力、经验转换成实际收益的人，他们在互联网上通过解决科学、技术、工作、生活、学习中的问题，从而让知识、智慧、经验、技能体现经济价值。

按照威客概念提出者刘锋给出的定义：威客模式是“人的知识、智慧、经验、技能通过互联网转换成实际收益，从而达到各取所需的互联网新模式”。主要应用于解决科学、技术、工作、生活、学习等领域的问题，体现了互联网按劳取酬和以人为中心的新理念。

刘锋提出威客概念的背景[①]

从本世纪初，互联网开始加速发展，各种创新型应用和互联网新概念不断出现，例如搜索引擎、电子商务、博客、维基百科、RSS、3G、web2.0、长尾理论等。这些应用和概念与知识管理都有着或多或少的关系。如何利用互联网进行知识管理已引起互联网界和知识管理学界诸多学者的高度关注。

威客模式就是在这个大的背景下产生的，它是利用互联网进行知识管理的网络创新模式。Witkey 和威客这两个词是中国人创造出来的。该概念最先由刘锋在中国科学院研究生院提出。2005 年，刘锋开始建立威客网试图将中国科学院的专家资源、科技成果与企业的科技难题对接起来。在建设网站的过程中，刘锋发现通过互联网解决问题并让解决者获取报酬是互联网一个全新的领域，于是他开始通过边实践边总结的方式对这个领域进行探讨和研究，并由此提出威客理论。

在研究的过程中，刘锋提出三个相互关联的观点：

1. 从 20 世纪 80 年代开始，电子公告牌的功能不断分离，产生了博客、维基百科等互联网新应用。智力互动问答功能在 21 世纪初也开始从电子公告牌中分离出去。

2. 随着互联网支付手段的不断成熟，信息完全免费共享的互联网时代已经过去。知识、智慧、经验、技能也具备商业价值，可以成为商品进行买卖。

3. 知识、智慧、经验、技能的价值化是促进人参与到智力互动问答的催化剂。

① http：//tech.163.com/07/1118/15/3TJFR42C00092FEP.html.

基于上述三个观点，2005年7月6日，刘锋在一篇讨论文章中第一次提出了威客模式的概念：人的知识、智慧、经验、技能通过互联网转换成实际收益的互联网新模式。主要应用包括解决科学、技术、工作、生活、学习等领域的问题。2005年11月开始，中国相关媒体开始关注威客领域，2006年11月，中国中央电视台的新闻报道使威客的概念得到推广，数百家网站认同并纷纷进入这个领域。

2005年7月威客理论第一次被刘锋提出时，一个重要的理论基础就是发现了互联网发展历史上电子公告牌功能分离的现象：从20世纪80年代初互联网电子公告牌出现以来，其功能不断分离出去，形成了独立的互联网应用，它们分别是：

1. 新闻类网站，起源于在电子公告牌发布新闻的功能。

2. 电子商务类网站，起源于在电子公告牌发布商品买卖信息的功能，它后来与互联网在线支付系统、物流系统进行了结合。

3. 博客类网站，起源于在电子公告牌中发布个人感想和可共享专业知识的功能。电子公告牌以时间为顺序聚合这些信息，博客以用户为单位聚合这些信息。

4. 智力互动问答类网站（威客），起源于在电子公告牌中发布科学、技术、工作、生活、学习中问题的功能，人们通过互联网寻求问题的解决方案或能够解决问题的人。

5. 热点点评类网站（DIGG），起源于在电子公告牌中对热点现象进行点评和讨论的功能。

6. 维基类网站，起源于电子公告牌的信息内容修改功能，通常只有电子公告牌的信息发布者和网站管理员有修改权，维基类网站放开信息内容的修改权，让每个访问者都可以进行修改。

7. SNS类网站，起源于电子公告牌用户的注册信息汇聚功能。通过聚合注册用户的个人资料如联系方式、工作性质、工作地点、兴趣爱好等，让有相同爱好者能够通过互联网找到对方。

8. 换客类网站，起源于在电子公告牌中用户相互交换物品和服务的功能，换客类网站的运营不需要第三方支付手段的介入。

9. 搜索引擎，起源于电子公告牌的数据和信息索引功能，20世纪90年代WEB技术的发明，使能够聚合众多电子公告牌数据和信息的索引技术最终发展为搜索引擎。

信息免费共享是促使互联网蓬勃发展的重要因素，例如维基类网站以人的自我价值体现为动力，把人类已有的杂乱信息结构化，形成可免费共享的知识；搜索引擎对互联网中的信息和数据进行索引，人们可以免费使用其搜索功能；新闻类、电子商务、博客类网站为互联网源源不断地提供免费信息。但是从知识管理的角度看，知识的产生本身是要花费大量的时间和经济成本的，完全免费的知识共享不符合经济学的规律和理性人的假设。这种情况最终会阻碍互联网的发展，导致共享知识的质量由于个人保护自己核心能力的原因，在达到了某个高点之后，就很难再提升。

威客理论认为互联网上的知识（各种文章、资料、回答问题的答案等）都具有或多或少的经济价值，应该可以作为商品出售。它符合经济学的价值规律，也是互联网走出困境的一种途径。

另外，随着互联网支付手段的逐步完善，通过互联网为知识、智慧、能力、经验进行定价就成为可能。

因此，互联网已经度过了完全免费共享的时代，开始进入互联网的知识价值化时代，互联网上的知识、智慧、能力、经验也具备商业价值的理念将逐步被人接受。在互联网的知识价值化时代，知识、智慧、经验、技能都可以成为商品，通过互联网进行交易。

这是威客模式理论提出的重要前提和基础。知识的价值化一方面使人们参与到智力互动问答中去，并提供高知识产品的质量，另一方面通过问题的提出和解答，知识、智慧、能力、经验也真正成为商品被交易。从知识管理的角度看，智力问答的知识价值化过程也就是人的隐性知识显性化过程。

威客网站的市场

威客概念和威客网站萌芽于 2002 年，迅猛发展则始于 2005 年百度等网站推出互动问答平台之后。就国内威客网站的数量而言，目前保守估计在 40 家以上，也有人认为至少有上百家。估算其当前的准确数量没有太大意义，因为威客网站的数量正在经历爆炸式增长。

信息社会多方协作已经成为办公常态，对职员的配置提出了更高要求，许多非日常性事务需要以外包的形式解决，却又需要企业方统筹时间、地点、人员，容易造成高成本投入和人才短缺。据统计，中国有超过 5 000 万家的中小微型企业，大多没有专业设计创意人才和营销推广人才，对创意等工作外包存在着刚性需求。而今，越来越多的人包括接受过高等教育的青年乐于选择自由职业，其中具备某些专业技能的优秀人才属于闲置人力资源。人才与企业呈现供大于求的格局，却因为沟通渠道受限，双方匹配度受到影响。

创意服务市场有多大，交易就能有多大。近年来，随着三四线城市的工业与经济的崛起，创意与IT服务（Logo设计、网站开发、网络推广）需求量不断增加，但是此类型人才大部分分布在一二线城市，人才与服务供求关系严重不平衡，互联网很好地弥补了这个缺点。

在六七年前，在三四线城市，想要购买高端商品，具有一定的局限性，但现在互联网已经全部解决了这些问题。互联网发展是呈金字塔结构进化的，从最底层的与衣食住行相关商品的交易，到中高端电子产品,再到现在几乎任何实物商品都可以通过互联网交易。互联网的发展趋势，必然是延伸到更高端的非实物商品的交易，也就是发展到金字塔的顶端。

阿里巴巴的互联网交易过程也经过了一个发展周期，人们从初期的犹豫和不信任互联网商品交易，到现在更信任互联网交易，其原因在于买家知道线上交易有保障。那接下来威客网的产品方向也会转变为重点引导用户进行线上交易，且做好线上交易的各种保障。

相比国内威客行业，国外主流威客平台Freelancer.com、Elance、99designs的外包业务不仅更加成熟，访问量和注册会员数量庞大，并且与时俱进，始终处于技术领先水平。

威客刚进入中国市场不久，只有简单的取名、Logo设计、文案征集等悬赏任务交易。发展到现在，几乎涵盖创意市场方方面面的所有行业交易，衍生出招标与直接雇佣等新的交易模式，威客行业也在不断适应互联网的发展与进化，原始的交易模式和交易分类到现在只占很小的一个比重。

早期在网上做任务的威客们更多是兼职的，现在威客已经逐渐变成一种行业名词，专职威客也越来越多，2014年初统计，国内专司威客工作的公司和个人已过百万（付费用户已过万），越来越多专业的公司和个人专注于创意服务互联网交易，其发展潜力不可限量，如果淘宝网是实物商品互联网交易的导火索，那一品威客网将是创意商品（非实物商品）的引火线。

威客网站的实质是打破地域限制，让其服务辐射的地域更广，将传统的广告公司、外包公司进行网络化改造，从而形成一个专业的接受工作源的外包门户，来承接并完成设计、网站建设、营销策划、家教、撰稿等所有通过互联网科技完成的工作。威客网的核心价值不在于知识的价值，不在于自由工作，不在于为 SOHO 服务，而在于利用网络带来的便利性，突破地域限制，让更广的地域、更多的客户享受其服务。

随着移动互联网的发展，移动互联网规模也一直扩大，因此威客模式也应结合移动终端发展，与移动相关领域的项目任务会不断增长。威客模式参与者还将能随时随地发布、接受并完成任务，其移动商机随着移动电子商务的发展将会无限扩大。目前，中国外包/众包服务网站猪八戒网有注册用户 1 000 万，一品威客网拥有注册用户 700 多万。

大大小小的威客网站有几百家之多。国内的威客网站上的任务已由最初的起名、Logo 设计、网站设计、程序设计、FLASH 设计、写文章等，扩展到 APP 的开发、WAP 网站开发，创意、装修、影视动画等多元化的服务领域之中。威客网站的服务范围的扩大，将满足用户更加多元化的需求，有利于网站的长期稳定发展。另外，目前在网上发布任务的雇主，除了个人还有很多资金实力雄厚的企业。中国的中小企业这么多，可见威客网站的市场是很庞大的。

传统的威客网站和交易平台，逐渐显现出几大弊端，制约行业做大做强。第一，粥少僧多，浪费严重。平台以全额悬赏支撑，事先托管赏金、网站抽佣 20%，不退款，中标者获得 80%赏金。全额悬赏的资源配置效率太低，制约复杂任务交易。

第二，高端威客流失严重。任务金额小，竞争激烈，导致成熟的设计师、不愿意参与这种游戏。因此，也导致了复杂任务的完成度低。

第三，信用困境，纠纷多。雇主对与大额创意任务赏金事先托管，不满意不能退款，心有顾虑，导致交易额受到制约。

第四，威客平台的门槛较低，很多威客网站核心技术较为缺乏，导致威客门户和网站提供的服务非常有限，无法扩大网站的规模，特别是吸引高端的威客入驻，这要求进行增值服务并提升整个行业的水平和产值。

克服以上弊端，既需要在服务模式和威客业态上进行大胆创新，又需要在平台研发上投入力量，进行平台升级和改造，构建新型的威客平台。一品威客公司联合几家科技研发实力雄厚的单位一起成功申报了国家科技开发项目，将针对传统威客平台全额悬赏和任务导向的局限性，结合当前移动互联网“社交一本地一移动”（SOLOMO）模式的最新发展趋势，基于移动互联网和大数据分析，重构威客平台功能和网络生态。平台将为威客提供与位置相关的在线互动、虚拟团队、在线商铺的组建和维护功能，方便拥有不同背景和技能的威客打破时空界限，在任何时间和地点都可以进行交流协作，以承担更多更复杂的任务。同时，平台将提供有效的任务推荐和团队推荐，帮助威客群体进行创业孵化，实现威客及大学生从业余创意设计到创业的低风险无缝对接。

新型的威客平台将具有以下几个特点：

1. 交易模式的创新。新型威客平台将采用一对一服务，取消20%的网站抽佣，引导其他威客平台任务倒流和颠覆行业收费规则，迅速吸纳高端威客进驻。同时提供技能评价、信用评价、纠纷仲裁等服务，让买家和卖家放心交易，提升任务的质量和完成度，并抬高行业的进入门槛。

2. 威客平台与创新创业无缝对接。新型威客平台将有效扩大电子商务的范围，形成一个新的“无形商品”电子商务模式。基于“社交”和“移动”的开发模式，将突破时间和空间的界限，使得威客间自由组合，零成本构建虚拟工作室。威客成员可以自由高效地工作，将工作效率最大化，节省时间。同时，平台将帮助有条件的虚拟工作室在平台上直接进行创业孵化，实现威客从业余创意设计到创业的低风险无缝对接。

3. 契合当前社会网络技术的发展。为了支撑新的交易模式和创新创业的对接，威客平台将融合当前移动互联网和大数据技术的发展，研究基于社会网络技术的实时信息集成技术，构建威客的实时信息库和技能库，集成和收集可信的威客交易和数据。同时，提供精准的威客人才推荐、技能评价、信用评估等方法，快速撮合任务供需双方，扩大威客规模，提升复杂任务的完成度，并消除威客创业就业过程中与创投机构、市场之间的鸿沟。

目前主流威客网站的商业模式

主流威客网站的商业模式是悬赏任务和招标任务模式，这些模式相对买家来说都比较被动，且都是多对一的模式。

一品威客网在2012年初，首创直接雇佣任务，也就是一对一的买家主动交易模式，其他威客网之后也迎来改版和模式新增，从不断增长的交易额来看，该模式是成功的，直接雇佣任务的交易额比例占整个模式交易额的80%（线上统计）。

威客未来将越来越向专业公司和高端团队发展，而国内因为人才分布不均，导致部分二三线或者更小的城市人才严重短缺。

未来的商业模式，可供发展的空间还很大，一品威客网还在不断尝试，已经略有成果，目前在开展一对多的新商务模式，可以参考线上的一品表情大赛，目前已经成功举办二期，作品都十分杰出，成功上架腾讯QQ表情平台。目前，该网站主要经营数字版权经纪，让优秀的创意设计经济价值最大化，前景不可估量。

买家选择服务平台看重的因素是平台的知名度、可信度和威客整体的实力，这些都需要平台来做好线上线下的营销，从而影响到更多的受众。

威客群体稍微有些差别，可以说这些能把知识通过互联网转化成真金白银的人，都算互联网的精英，对整个互联网行业现状都十分了解，他们一般会选择诚信和客服服务好的平台，目前国内知名威客网就这么几家，威客很容易做出选择。

因为威客网几乎都存在抽佣，随着各种任务交易额的逐年上升，交易的任务类目逐渐完善，很多任务金额已达几十上百万，所以线上跑单是无法避免的，威客群体会从自身利益角度出发进行选择。为避免跑单，可以采用的方法包括鼓励线上交易、交易成功积分送奖励等，这些都要从对雇主的宣传和引导入手，因为线上交易能更好地保障需求方利益（雇主）。未来，威客网并不是真正要绑定用户在线上交易，而是要通过线上，实现能赚钱、能创业、能拿到订单、能把创意产品转换成商品，不管最终用户选择了什么样的交易流程。

威客的几种类型

根据参与的方式不同，威客可分为：A 型威客、B 型威客、C 型威客、M 型威客。

知道型威客（askwitkey），知识问答型威客，例如百度知道、爱问等，称为 A 型威客。

悬赏型威客（bidwitkey），通过对某个项目进行投标并争取中标，从而获得项目开发机会，最终产生价值，称为 B 型威客。例如：一品威客网、孙悟空威客、时间财富网、智八星威客网、K68 威客网、九流工厂、精英 e

族网、全球设计网、创易网、百脑汇威客网、卓创威客网、中国赏金写手网、任务中国、八客网等。

点对点威客（c2cwitkey），通过对自身能力进行展示、证明以及良好的经营，将能力转化为能力产品，与需求者之间建立C2C的买卖交易关系，这样的威客人群被称为C型威客，例如：时间财富网。

威客地图（witkey map），它的定义是通过互联网将人的地理位置、专业特长或兴趣、联系方式、威客空间这四个最重要的属性（不排除其他次要的属性如年龄、职业、性别等）聚合在一起从而形成的关于人的搜索引擎。这样的威客人群被称为M型威客。

目前买家和威客的构成及未来类目的发展趋势

目前威客类目主要集中在创意设计、平面设计、网站建设、网络营销、翻译以及文案策划这些方面。

以处于厦门的一品威客网为例，该公司主营业务为新型文化创意产品及服务在线交易平台。业务模块覆盖了创意产品服务和劳务服务类两大主要类别。其中创意服务类包括：品牌设计、应用设计、微博营销、网店开发、软件开发、营销推广、网店装修推广、营销推广、建筑装修、起名取名、文案写作、多媒体设计等16大类300多个细项。一品威客网坚持和发展了传统威客网站“全额悬赏任务模式”，同时，引入了“类淘宝商铺”模式，为创意人和设计师开设了功能多样化的人才商铺。在移动互联网开发方面，公司已经成功开发了APP手机客户端应用，覆盖苹果手机、平板电脑客户端，并已正式上线运营。2014年3月，公司开辟了第三个业务模块：“原创表情工厂和动漫设计中心”。同时成立了品牌与增值业务中心，负责引进品牌客户、大师级威客，维护并拓展互联网平台、通道运营商内容合作关系，开创原创设计、动漫作品经纪模式。先后与中国最大两家互联网公司腾讯、阿里巴巴建立战略合作关系，为其提供原创创意图等精致内容，成为腾讯原创表情贴图最大的内容提供商，同时，也是中国移动、中国电信、中国联通的手机动漫内容合作商。

未来属于传统产业里懂互联网的人[①]

不少做传统企业的朋友，非常想转型到互联网领域，想在移动互联网时代分到一杯羹。但是很多在传统行业里生意做得非常大的朋友，一转到互联网就完全抓瞎了，不知道如何做了。

其实互联网和移动互联网只是一个生意的工具，面向 B 端（企业）的垂直门户网站需要用传统手段且结合线下才有可能爆发。传统生意手段加互联网思维，是垂直门户生存和发展的两翼，缺一不可。

"一品威客网"这个网站就是由传统企业出身的兄弟两人一起创办的。它是买卖创意设计服务的一个垂直门户网站。主要交易门类有四大类型：平面设计、软件开发、网站建设和文案写作，具体细分有 10 多个门类，100 多个细项。

网站的用户有两类：一类是买家，也把他们叫做雇主，大多为中小微型企业主，他们到平台上花钱征集、雇人做设计、开发、营销和文案类任务。

还有一类是卖家，就是威客，他们有自由工作者、工作室、专业公司三种类型，通过平台接单赚钱。

中国有个情况，就是创意设计人才和企业需求之间分布的不均衡。会干活的，大多生活和工作在北上广深和沿海开放城市，而有需

① 原文链接：http：//user. qzone. qq. com/1111884/blog/1400082160。作者：秦刚，垂直互联网实战教练，1999 年从事垂直网站工作，历任太平洋电脑网总编、太平洋汽车网市场总监、IT 世界网 CEO、39 健康网联席总裁。

求的企业，特别是中小微型企业，在三、四线城市、中西部或偏远县城……威客网站就是要打破这种分布的不均衡，帮助雇主和威客，实现需求和人才的对接和顺畅交易。

买家和卖家分别有什么痛点?

买家，就是想花较少的钱，尽快找到方案;卖家，就是想赚钱、创收，付出有所得。

从行业上看，是还有一些所谓的痛点，需要被关注。举例说:威客要赚钱发财这个点上，行业一直没有很好解决，导致几乎停滞，徘徊多年。

传统的威客网站，一直延续“全额悬赏竞标”模式，一个任务，100个设计师去竞标，给雇主挑，99个人白干，一个人中标，网站抽佣20%，中标设计师拿80%。这个模式可以叫做:多对一发展模式。

一品威客网站上线时，就觉得这样的搞法不行。熟练的设计师走了，复杂的任务难于成交(因为先托管赏金，不满意也不能退款的，只能加价)，作弊纠纷多。

一品威客网的解决办法是主推“一对一”的直接雇佣任务模式。先找团队，找好团队再托管赏金，满意付款。这样再复杂的任务，再厉害的团队，都能接到活儿，愿意留在平台。

网站就是一个创意设计交易的市集;而不仅仅是一个悬赏竞标的平台。这样来做生意的人就活跃了，满意度就高了。

网站上买家通过什么方式找到适合他的卖家呢?买家注册成为网站会员，免费发布任务需求。客服人员审核并发布到前台。

这个时候会有三种形式，帮助雇主找到卖家：

1. 系统会自动触发，把任务需求信息和雇主的联系方式，发给技能标签相匹配的VIP会员；

2. 客服团队也会人工推荐合适的威客给雇主；

3. 威客在任务详情页，也可以报价，秀自己，供雇主选拔。

一品威客的模式和K68、猪八戒等威客网站有何不同点呢？一品威客网的模式，主要是差异化竞争的策略，因为当黄国华兄弟两人开始干这个事情的时候，别人已经干了七八年了，肯定要走不一样的路才有饭吃。

除了任务模式差别，还有重要的一点是：收费方式，也就是网站的获利方式，其他威客网站搞的是：基础业务收费，靠交易抽佣获利20%；一品威客网做的是：基础业务免费，增值业务收费，即“先予后得”。前面几年，基本上是积累用户数据和口碑知名度，为人民服务的；去年开始，才有比较大面积的增值业务收费项目上线。

这种模式，比较符合互联网发展的趋势和用户使用习惯，比较可能做大。

一般衡量威客类网站的数据主要是：任务量、人才数和任务金额，网站首页有即时更新。目前，一品威客网大概的数据是：每天有500多位雇主发布任务需求，成功发布的任务交易金额100多万元。每天10万多位用户来访问。VIP会员费月收入几百万元。

注册的威客会员500多万，其中，个人、工作室和公司占比约为60%、25%、15%。

平台上也有不少虚拟创业团队，不在一个地方，但有时是以一个团队对外提供服务。

目前在威客网站行业里，一品威客排名第二，猪八戒第一。猪八戒创办的时间早一品威客四年，目前，在基础会员数据和交易数据上，猪八戒网看起来比一品威客更大些。

但是，一品威客的爆发力更强。特别是在增值业务收入上，一品威客在行业是遥遥领先的，这个模式是一品威客开创的。

从多对一，一对一，到一对多，这个是一品威客一直在进行的探索。

让设计师的一个作品，覆盖2亿个用户，这种可能存在吗？回答是肯定的。可以看下一品威客做的一对多案例。

聊天的QQ上，可以看到这个QQ原创表情（见图4—1），这个就是一品威客网平台上的设计师做的。他的作品可以同时给QQ的几亿用户使用。这种价值，显然比去参加一个悬赏竞标任务大得多。像这种原创表情，也同时在手机QQ的原创表情商店上发行。

目前，该网站在拓展同LINE、Facebook、小米、阿里巴巴的渠道合作，一品威客网站把这种“一对多”模式，叫做数字版权经纪。

目前主要在创意图方面争取突破，也就是原创表情，或者LINE和Facebook上说的贴图。

设计师也需要挖掘、拉抬、提升、甄别……让他做自己最擅长的事情，最擅长的那部分。

具体做法就是把网站平台当成一个秀场，通过大赛，发现好的创意和有潜质的作者，签约到一品威客公司旗下，帮助他们打磨作品，根据公司拓展的渠道方的需求，会有文案创意、动画原画等专业人员介入，形成一个最佳的组合，做出平台需要的精致的创意内容，然后卖给腾讯等平台。

大脸兔

设计说明：大脸兔有着一张名副其实的大脸，
性格明媚单纯快乐的他，
爱笑爱玩爱生活。

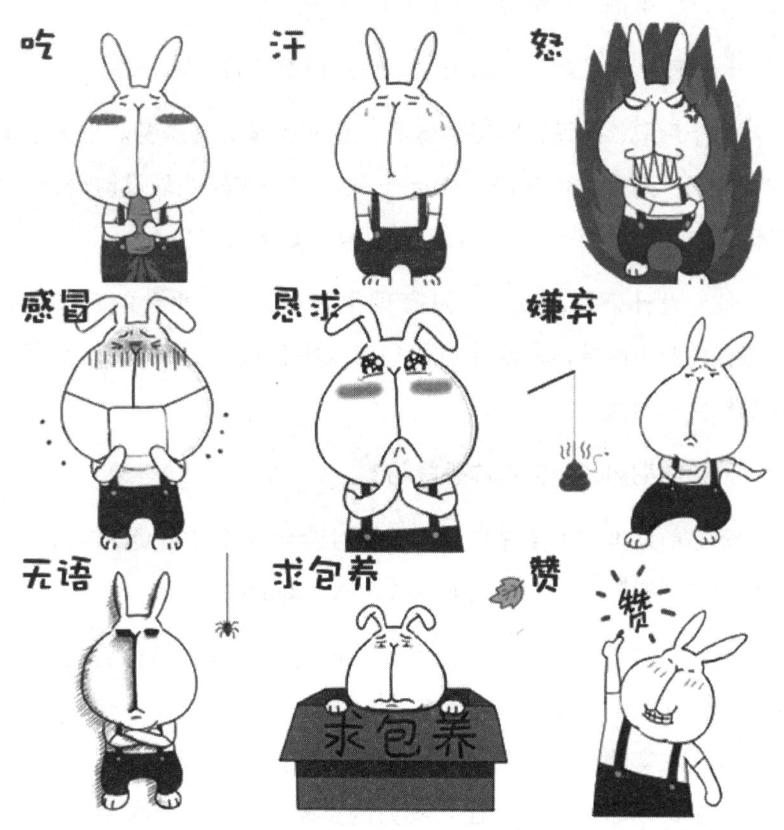

图 4—1　一品威客网原创表情“大脸兔”上架腾讯平台

这些作品的版权，有两种，第一类是被一品威客网站买断的，第二类是该网站与设计师共同持有的。

通过大赛征集的，给赏金，买断；设计师提供的，几年内双方一起运作，共同持有版权，互相抬轿，收益分享，时间到，东西还是设计师的。就是把设计师当歌星来包装，发掘出原创的力量和设计的价值。

一品威客平台最不缺的就是设计师和设计师对一品威客的信任感。做这个事情，有优势。

一品威客一开始是怎么把设计师用户给“圈”过来的?

先予后取，给设计师当牛做马，免费为设计师服务。别人抽佣，你不抽佣；别人对作弊睁一眼闭一眼，你对作弊处理及时公正，为设计师主持公道……慢慢地，口碑就建立起来了。

你对设计师好，设计师没有理由不欢迎你。平台的定义就是：让赚钱创业更简单，为设计师和创意人提供线上的赚钱机会以及创业的机会和通道。

网站前期用了什么推广手段吗?

网站前期推广主要靠口碑，依靠社会化媒体（如 QQ 群），到同行那边去“搬”用户……花最少钱，做最好的效果。

这个也经历了一个摸索的过程，也是好几年才领悟到的。马云靠他的“让天下没有难做的生意”，把阿里巴巴做到 1 万亿人民币市值，那是在实物产品交易领域；在非实物产品领域，在创意设计领域，这个市场非常巨大，让有实力的卖家，在一品威客平台通过不同的关系，靠好的服务、推广手段和产品，就能赚到钱，培育自己的网络品牌，这个是移动互联网和互联网时代给网站平台和设计师的一个机会。

如果竞争对手也学一品威客模式，如何应对?

模式都是简单的，三言两语就说完了。没什么秘密可言。关键在于团队的执行力和不断创新。马云的模式也很简单，就是收会员费、抽人家佣金，再收点广告费。

创始人团队在做一品威客网之前是做互联网的吗?

他们可以说是资深媒体记者和传统实业家的结合。一开始不懂互联网，只是好奇，瞎蒙着闯入这行。

2008年5月到厦门软件园创业，当时想做一个全国性的手机动漫项目，后来渠道打不通，做的东西没人要，没整成，做成FLASH广告制作公司了，没啥成长空间，就想改行。

因为办公司时曾在威客网站上悬赏征集过Logo等，感觉这种平台还是能够帮上企业的，但是有不少提升空间，就转行做威客网站。不过，一开始，没啥经验，也吃了不少亏。也没有好心的投资人看好，多数人都认为没戏。

两个创始人自己扔了500万元下去，前期的一些钱还是长辈从银行贷的款，具体说，是堂叔从银行贷款，让两兄弟在厦门开始创业的。它是国内比较少的，创始团队自己扔钱下去，完成天使轮投资的平台型互联网公司。

坚持搞了两年多，有点口碑知名度，华犇基金投资了该网站，项目也获得厦门市政府双百计划奖励，政府给了400万元创业资金无偿资助，公司发展开始提速。

创业的体会是：没有互联网从业经验，没有关系，只要学习，不断改进，互联网也是一种生意的手段，没有什么深奥之处。做生意的本质都是一样的。

当时拿50万元刚创业的时候，遇到一个骗局，公司差点倒闭。初期只有50万元，装修购买设备，花掉20多万，备用金30万。当时急着做出成绩，结果业务员就以签大单做诱饵，让公司不断给公关费，给了16万，弄回了几个虚假的大订单，团队招了30多人，干了几个月无用功……公司真的差点倒闭。

堂叔说："这个时候，不能因为被骗了，我们就把公司给关了，这样我们也太不经打了……这次吃亏，受点挫折，以后你们就懂得不要去轻信他人，擦亮眼睛，比较不会再遇到大的挫折。"

当然，兄弟两个也是一个黄金的组合，还是有一定的生意的经验和对困难的承受力。毕竟，梦想还是在的，不想轻言放弃。

本来是说，50万元把项目滚动起来，结果，是陆陆续续花了500万，才等到投资。每个月给员工发工资，都是从家族的工厂调钱过来。

因为这种项目离钱远，的确不容易看到钱，要向会员收费一开始是很难的。

不过，黄志南是做传统实业出身的，管过工厂，做过制造业。他有一个说法："做一个简单粗糙的建筑模板厂，没有多少技术含量，只是做中国的一个小小的市场，可能是一个乡镇的市场吧，一年做个几千万产值，也要近1 000万的投资；我们做一个全中国的市场，投个500万，做出了点影响力和行业知名度，是很少见的，所以，行业好，值得我们去拼。"

所以，经验是：做互联网或者移动互联网，特别是垂直细分领域的门户网站。需要有三个条件：

1. 一定的资金支撑；
2. 足够的耐性和坚持；
3. 清晰的获利模式和路径。

一定的资金，这一点因人而异，钱多钱少，都可以做，但是要坚持、坚持、再坚持，用最少的钱，想方设法得到最好的品牌效应和口碑，把用户聚集过来。

垂直型的门户，一开始很难搞到钱。公司不赚钱，每天开门都要费用，只投入没产出……有段时间，差点“打道回府”。

当时，也是透过各种关系，找人来看，找人来投资，因为没人投资，意味着创始人还要继续往里面扔钱，不知道要扔到哪一天，也不知道胜算多少，因为自己毕竟缺乏外脑，势单力薄……所以，自己踏踏实实做的同时，找钱、找人投资也很重要，没人投资你，看好你，认同你，项目也没戏。

只要给钱，当牛做马，叫爹叫爷，都可以。等你做大了，你再当爹当爷也不迟。

要做一家上市公司，一定要不断融资，最好一年搞一次，这样事情才能成；事情成了，你就像马云一样，占 8 个点，9 个点，你也是中国的新富豪了。

当时投资方为啥要投资？看中模式还是团队？

投资人说，就是看好这对黄氏兄弟。模式可以随着运营需要调整改变。

很多传统企业家，想转型到互联网领域，拥抱移动互联网，但是都不成功，能否给这些朋友分享一些经验?

传统企业家做移动互联网和互联网，得天独厚，大有可为。因为生意的本质都是一样的。线下搞得好，线上同样有机会。

具有互联网思维和意识的传统企业家，才可能胜出。要每天都学习，利用碎片时间学习。比如：用好 QQ 空间、微博、微信宣传 CEO 品牌、企业品牌，全员营销等，都是互联网思维。要有互联网思维，就要和互联网人亲密接触，比如：经常看秦刚老师的 QQ 空间、微信；看雷军、360 红衣教主的微博等。业内意见领袖的脉搏，你触摸得到，你基本上也入行了。这个教科书上没有，只能靠学习。

不能急，要有耐心。要抱着先给后取的心态做。先有好的口碑，借助社会化媒体营销，传播开去，持之以恒，把商业模式运转起来，产品和服务做好，增值服务做好，就会有收获。

根据最新发布的统计数据，截至目前，全国威客数量已超过 3 000 万人，为全球 19 万家企业和个人服务，总交易金额突破 50 亿元人民币（线上）。威客网发展初期，买家主要为中小微企业和个人，但是随着威客行业的发展，威客专业技能逐步完善和强化，已经有很多与国内外知名企业合作的成功案例，这些数据都可以在网上查到。威客主要分布在一线城市和沿海城市。按职业分布看，在校大学生占 40%、兼职占 30%、全职占 20%、其他类占 10%。其中，月收入最高者能达几十万甚至上百万元，一般是 B 型威客。而现今活跃在我们威客网站的在校大学生，未来就是引导市场发展的主力军，随着他们的毕业、就业、创业，时代的发展，威客的模式还将颠覆整个线下创业交易市场。

可以在威客网站平台上就业、创业的人群基数是一个非常巨大的数字，而他们当中的很多人由于各种原因还没有利用上威客网站，这是非常可惜的。

我们在此只简单分析一下我国目前设计师群体的数量①。目前我国设计师从业人数为1 700万，截至2013年底，我国企业保有量为1 546.16万家，也就是说平均每家企业拥有1.1个设计师（波士顿咨询数据显示，全球设计师人数约9 000万，这个数字为全职从事设计行业的设计师数量）。

中国设计师主要分布在建筑设计、室内设计、工业设计、服装设计、产品设计、平面设计、网站设计7个类别。随着智能设备、机器人、物联网的兴起和高速发展，以及个性化时代对于生活品质要求的大幅提升。未来5年，特别是在工业设计、环境设计、产品设计的细分领域，将会出现巨大的人才缺口，也必将迎来下一个设计人才需求的高峰期。

综合分析数据显示，目前我国设计行业的人员平均薪资在12 000元左右，虽然设计师的收入随着年龄的增长呈上升趋向，但多数设计师的创作能力却呈现抛物线状态，即随着时间的推移，一开始逐步增长，8年左右的行业背景是创作力最强的时期，在进入管理岗位之后将会逐步下降。

不同区域及行业也有着很大的具体差异。以装饰设计为例：已发布的调查数据显示，目前全国室内装饰行业总产值已超过2万亿元，装饰设计企业30万家，室内设计从业人员达150万人。中国已成为全世界最大的装饰大国。近3年室内设计人才处于供不应求的状态，据初步预估，缺口数量在40万以上，从业人员的平均年薪在10万以上，经理级别的大多在20万以上，这个数字相当于一般房地产开发公司副总裁的工资水平（数据来自：中国经济报）。

另数据显示：中国各行业的高级设计人才极度缺乏。一般的从业人员也有很大缺口。如室内设计人才缺口40万，网站设计、动漫设计人才缺口

① http://art.china.cn/products/2014—09—17/content_7237723.htm.

30 万等。

互联网是人类大脑的联网，不仅仅是机器的联网

马克思明确指出工具与人相互结合所构成的工艺结构是人类特有的本质结构，是人类其他结构产生和发展的物质基础和推动力。没有连接在互联网末端的人类大脑，互联网将成为无根之木，无源之水。忽略每一个连接在互联网上人类大脑的参与，正是当前互联网面临的一些困境的原因。

威客理论第一次在世界上提出互联网是人类大脑的联网，不仅仅是机器的联网。互联网不但连接了世界各地的机器，也把地球上各个角落的人联结在一起。机器在某些方面的确超越了人类，但更大范围内人的知识、智慧、能力、经验却是机器难以企及的。利用互联网充分调动人的积极性解决各个领域的问题是一个被忽略的互联网发展方向。

威客产生的意义

1. 可以解决搜索引擎无法创造性地给出答案的问题。人的大脑是一部比任何一台超级计算机都强大几千倍的设备，互联网的出现从本质上讲是实现人类大脑的联网，创造性地解决问题是人类大脑的优势，互联网的出现又把这种优势成指数倍地扩大，威客模式产生之前的互联网只是单纯地让用户共享知识和信息，无论是博客还是 wiki（维客）等模式的设计，还是让互联网用户无偿地提供智力成果，而运行这些模式的网站获得了沉淀下来的知识价值。这是它们梦想上市的核心秘密。但如果没有足够的激励制度，当用户发现这一秘密的时候，它们的危机就来了。威客模式提出了知识必须体现价值的观点，这里的价值并不只是指货币价值，也包括自豪感、成就感，但最重要的激励机制还是货币价值，只有通过货币才能让人类有价值的隐性知识表现出来，才能让互联网中无意义的信息大幅度减少。

2. 威客模式可以体现一种灵活的就业方式。它打破了地域、时间、工作方式的限制，通过互联网把世界各地的工作者放在同一平台中。给劳动者提供公平竞争的互联网环境，带来更多自由工作时间、创意和想法。可以利用威客模式平台上千万威客的知识、智慧、技能、经验为企业提供低成本高质量的服务。这个过程可以通过悬赏广播式和威客地图的网络式这两种形式实现。

案例：因为钱在那里[①]

有朋友看我这些年业余时间全部宅在家里做威客，而且在一品威客网短时间内一口气做到了首席文案（文案类中标总数第一），总问我为什么当初选择了做威客？我说：因为钱在那里！

这个社会里每个人都“压力山大”。没钱，有人拿肾去换苹果。没钱，做小房奴的资格都没有。咱要是全民老公王思聪，肯定不会坚持做威客。既无爹可拼，又没别的本事挣大钱，那就在八小时之外挣点碎银子补贴下吧。要知道，这也是真金白银呢。

经常有新加入的威客问我：你为何能中那么多标？有什么秘诀么？

说老实话，别人有没有秘诀我不知道，就我个人而言，唯有“勤奋”二字。各大威客网站发布的任务千千万万，每个雇主喜好各不相同，挑名字就像相亲，“一见钟情”的佳话总是极少数的，有点眼缘和感觉，能进入备选已经不错，更多的是看一眼就被“灭灯”淘汰了。所以，除了不停地变换思路，多角度全方位出击，勤奋交稿，多多参与“相亲”（做任务），威客别无选择。

① 案例来源：威客嘉荷创意。

当然，威客做久了，会有一种职业习惯。比如我，很少坐下来看一晚上的电视，偶尔看那么一会，反而是喜欢看广告，琢磨不同的名字和广告语；看杂志也不由自主地注意文章中的用字。记得有一次中标一个1 036元的取名任务，我为上海这家公司的品牌取名“双色树”。灵感来源就是2013年某期《读者》插页上的一幅名为“双色树燕”的图。看到画题，“双色树”这个很有色彩感和图形感的名字一下跳入了我的脑海。生命如树！用它来寓意男女两性通用的品牌和一个人的两面性真的是太好不过了。所以，我立刻记下了这个名字并对该品牌内涵做了合理延伸，提交稿件后，最终也得到买家的青睐，被选用了。

是不是中标经常这样有戏剧性呢？当然不是。

人品大爆发，幸运女神眷顾的时候，一天中两个标，也平常。

3. 丰富互联网服务的类型。网络互动问答模式网站、新闻类网站、实物电子商务类网站、博客网站将在不同领域为互联网用户提供服务，满足用户的各类需求。威客模式需要借助新闻类网站进行宣传，需要借助博客的技术形态作为个人知识库建立的基础，威客模式网站与传统实物电子商务类网站的功能互为补充，传统实物电子商务类网站主要是进行实物交易的，其形态是互联网网站、支付系统和线下物流系统的结合。威客模式主要进行智力成果的线上交易，形态是互联网网站和支付系统的结合，由于智力成果如文字、图像、视频可以通过互联网传输。威客模式的运营成本将大大低于传统实物电子商务网站。

案例：从文案创作看威客平台[①]

梦之队创意传媒工作室是笔者（陈昆泽）在 2014 年 8 月份征召到一品威客上，专职从事文案策划的团队，核心写手 15 个人，而在全国各地有几百号“闲散”成员。团队的负责人黄韩子告诉笔者，他的目标是要建立家庭式的工作模式，带领更多文案从业者足不出户，也能满意接单。

黄韩子 2006 年就开始坚持利用互联网做文案策划的工作，多年的网上接单经验，练就了他的一双“火眼金睛”。他对于国内现有几个大型有质量的文案垂直网站，都有很深刻的见解。他对笔者说：知道我为什么选择和你们合作吗？不是因为你们有很大的流量，也不是因为你们有不错的服务，而是因为我觉得你们有创新精神。就此，黄韩子提到在一品平台上的《威客信用证书》，认为这个就是个很好的亮点，同时指出其中需要改善的地方。

黄韩子认为互联网高速发展，线上接单的特点是成本低，威客平台将会给更多有才华的人带来就业和创业的机会。这让我想起，中国互联网的骨灰级人物秦刚，在谈到李想创办的《汽车之家》时指出，里面所有的文章，取之汽车发烧友，也用之于发烧友。现今网上 80% 专业的关于汽车的文章，都转载自《汽车之家》。笔者相信在互联网上，只要有发烧友，就能培育出文案创作的热土。这点恰恰说明，文案创作不再局限于传统几种形式，像起点中文之类的网站，已经不能满足越来越多样的文案刚性需求了。

---

① 案例来源：威客陈昆泽。

那么威客平台将起到什么作用呢。作为中国领先的新型创意服务交易平台的一品威客，旨在实现每个领域发烧友，在该平台接到自己所擅长的任务。杨依桐——上海铭初文化传播有限公司的创始人——当初在线上只是想帮人写写文章，持续了大概一年多的时间，便萌生了组织自己的工作室的想法。工作室致力于新闻媒体发布和微信维护营销，擅长企业文案写作、宣传与广告文案写作、新闻稿写作、品牌故事及产品定位策划与推广、产品 VI 设计、室内设计等任务。在一品威客上，杨依桐不仅享受超值的服务，也实现了自己创业的愿望。能承载众多威客的愿望的平台，需要具备什么条件，黄韩子跟笔者说模式很重要。一品威客打造的是创意类的淘宝，在此基础上招募的 VIP 会员，就像现今的天猫店。一品威客不仅仅是搭建一个创意交易集市，而是要做一个高端市场。黄韩子告诉笔者，前两天，他们工作室接了两个 3 万元的单子，是关于年度策划营销打包服务的，而像在一品威客上发布的意大利卡帕（Kappa）家纺整体品牌策划方案是 3.5 万元的单子，而且雇主采取直接雇佣的方式，这对于这些专业且有实力的团队，就很有吸引力。

而事实上，不仅仅是商业文案，目前一些诸如公文写作、歌词创作、小文章写作，甚至公司取名和平常人家的孩子取名之类的业务，也都在威客平台大有市场。在一品威客上就有这么一群专职的威客（比如在一品威客上开通灯九朵起名工作室的李燕），很受诸多雇主的好评。

这是一个互联网时代，有网络意识人们，会利用它来实现自身价值等愿望，而威客平台就是一个很好的载体。

4. 提高用户使用互联网的积极性。威客模式激励用户提供更有价值的作品。由于互联网用户可以通过威客模式网站，利用自己的知识、技能、经验、智慧获取相应的经济利益。于是他们就会有更高的热情花费自己的时间成本参与到问题的解答中去。同时由于经济利益的驱动，互联网用户也会主动将个人的知识和经验形成文章，发布在个人知识库中供其他人付费查阅。

案例：威客是候鸟，只在适合自己的地方停留①

威客是候鸟，只在适合自己的地方停留。这是威客网络生存的真实写照。每个威客，都在寻找最适合自己的网站。

2011 年，我无意间从其他威客网转战到了一品威客网。这一年，我网购的钱一大半来自一品中标赏金，手机里用不完的话费也来自一品客户直接充的服务费。我的微博里更是常常提到一品，有时还会收到让人哭笑不得的短信。半夜 12 点多，收到一品威客网的短信，说某任务选我中标了。迷糊中想：这是中了哪个标呢？是最小的 60 多元还是大一些的 240 元？早起一看，嗨，8 毛钱！替人发短信的！这不是坑爹么。

有时是开心时刻的分享。可以肯定，这个中秋唯一的不同是：我能吃到在一品威客网中标得来的月饼！当然，姐吃的不是月饼，是我得来的一个小小荣誉。

半夜，工作手机有短信提示。很淡定，继续睡。猜到可能是个中大标的通知或垃圾短信。早上起来，看一眼任务编号，确实是近期最大的一个标——一个千元的取名任务。有片刻的喜欢，转眼如常。

① 案例来源：威客嘉荷创意。

有时是威客间的趣味聊天。威客群里一妹子哭诉：今天买瓶王老吉放包里，把相机和新手机泡坏了。一哥们安慰她半天，临走说：我前两天血栓走不了路，昨天刚恢复。手机事小，健康事大。尸体是战胜植物的本钱，大家多注意保重自己的尸体，都早点安息吧。阿门。笑煞我了。

更有各种威客心得小结。有关威客网雇主"放鸽子"种种：(1)说你的稿子很接近要求，再修改下就选你中标。仔细修改完，发现他弄一个小号自己中标。(2)直接说一会就选你中标，你再查查某某一大堆名字和域名可否注册。你查完了发文件过去。第二天悲催地发现，中标的是别人。(3)提出额外的设计要求，谈不拢，没中标。一个月后你发现，他们公司还是用你取的名。

以往案例给不给雇主看，这是个问题。不给，人家说不知道你的实力。给了，人家看完文案说："我就模仿您这样的自己来写吧。"取名案例更是难防骗子。去年我就遇到过一位山东的骗子，他从网上找到我的QQ，请我的工作室为他的茶楼取名并设计Logo，然后提出看看以往案例。我立刻发给他我们在一品威客网的商铺链接，里面有在一品中标和入围的几百个案例。很快他看到了我给云南丽江一个茶楼取名中标的案例：茗澜映雪。然后不由分说"拿"走了。还大言不惭地说："没事，我直接用就行，省200元啊。"

面对这样厚颜无耻的人，威客一点保护自己的知识产权的能力都没有，再牛的威客也只能完败。如果有人说你们可以通过法律手段维权，去找他们算账啊。我只能"呵呵"了。不仅维权的成本太高，而且大多数时候你压根找不到维权的对象，只能跟影子作战。

面对这样的窘境，加密成了一些文案威客最后的选择。如何告知密码？当然是发站内信！悲催的是，经常有买家为了自我保护，没找到站内信就放弃看稿和联系威客，直接选了其他人中标。

不得已，有的威客只好一稿发文档，另一稿发密码。于是，忙中出错，就容易摆乌龙——密码和文档被“一锅端”。

所以，在公开稿件的威客网站，威客们在展示能力和保护版权之间，经常会陷入两难的境地。这也迫使一些威客做到较高等级时，有时只交广告稿，或者干脆进入淘宝。

每一次愉快的合作，都像结识了一个新朋友。

每一次不愉快的合作，犹如分道扬镳的恋人。

端午节那天，一个客户发现我晚上还在忙，忍不住说：“没出去玩啊。我回复他一个笑脸。”

他说：“我怎么就觉得你们每天就这么乐呵呢。羡慕嫉妒恨啊。”

我回复：“那是您只看见贼吃肉，没见过贼挨打啊。我们抓狂的时候有很多。”

他又问：“是不是干设计的心态都好?”

我说我们的宗旨是：“客户虐我千百遍，我待客户如初恋。您说这心态是啥心态？不过，老实说，有时气急了也想骂人的。”

那天看到一个客户在好评后写下一句“工作效率太慢”的评语时，真是惊诧不已，悲从心来，一头撞上电脑的心都有了。

这个任务的雇主原本是找了天津一家广告公司做的，但一直都不满意。因为他自己也稍懂设计，就自己做了一款。还是不太满意。于是抱着试一试的心态，来到一品发任务了。前面看了几十个，觉得没一个亮眼的。结束前一天，已经不抱希望了，就准备用自己的设计。

没想到我们交了两个方案后，有一个立马被他相中了。他联系我说："你们这第一个 Logo 我特别喜欢，就选你们的中标吧，免得其他设计师再浪费时间了。你们赶紧将字体等修改下，我回头再跟公司其他股东商量下。"等我们改完，他又提出修改他自己的那个设计稿，说两个 Logo 一块拿到公司讨论再决定。

我们二话没说，埋头就改啊。改完他的再设计名片，做完名片后，他说定下用我们的设计，要不同的源文件都整理好给他。本以为圆满完成了这个任务。没想到最后因为我们没接他的下一个任务，就给了这样一个评价。

为这个任务，设计师做到夜里一点。第二天周六，说定稿了，要源文件，我们立马将设计师从外面叫回来，当晚就发了源文件。第三天，周日，客户又提出修改他自己那款的字体，我又十二分火急地让设计师停下自己的事来做，我在线等他改完立马发过去了。就这样，客户还嫌效率慢了。

虽然当时生气、委屈，但事后我们换个角度想想，客户大多也是想达到圆满的结果，有时真可能急性了点。咱们要做的是不断提升服务速度和水平，而不是为这些小事较劲。谁让他们是咱们的上帝呢！

5. 促进网络实名制的实施。威客模式网站为用户提供智力成果交易的平台，为了保证平台上交易商品的质量和货款支付的安全性，实名制将成为网络互动问答模式网站正常运行的必要条件，也是互联网发展的必然需求。

做威客首先要找一个好的平台

好的平台有以下特点：诚信、公正、服务好、单子多、沟通顺畅。

诚信：言行一致，有很多平台为了攫取巨大利益，违反道德，甚至法律，突破了商业道德底线。

公正：评标不偏不倚、高效。而不是为了多搞点流动资金，一个劲地拖着，一个月两个月都不评标。

服务好：客服响应速度快，而不是打半个小时电话都打不通。

单子多：网站的平台运营比较好，比较有人气，买卖双方交易活跃。而不是零费用的任务到处都是，骗子横行。

沟通顺畅：买卖双方可以看到联系方式，迅速洽谈。信息时代了，信息就像水一样几乎到处都是，人人需要。居然还有威客网站想利用信息壁垒赚钱，在把所有的威客搞死之前，自己也差不多死了。用威客们自己的话来说，这种网站就是这个状态："你到一个公司打工，老板说公司的自来水用一次 100 元，优秀员工免费，私自带水罚款、开除，我们公司不错吧！你晕倒了吧？爬起来走人吧，呵呵……"①

案例：一个屌丝的创业历程②

2013 年底是我跟凌动科技负责人马成龙认识的日子，当时马成龙给我印象就是一个纯粹的屌丝，大概我也是屌丝吧，所以很快大家就聊到了一块。

第一次沟通大家都聊了很多，通过第一次的接触，也了解到马成龙这个小伙子其实是一个很有想法的人，敢于尝试，有创业的打算。也咨询我个人兼职创业应该要怎么做？我也给出了自己的一些意见。

---

① 素材提供：黄梅容。
② 案例来源：符巨龙。

2014 年 1 月份，马成龙开始跟我合作，记得当初合作时，马成龙标榜自己的“凌动科技工作室”以手机客户端应用软件开发为主。当时他还在一家网络公司任职，是一名程序开发人员，每月领着七八千元的固定工资，由于公司的业务，经常加班到很晚才回去。他认识到不能给别人打一辈子工，自己有技术，有能力，也可以创造属于自己的事业。

他采取的是个人兼职形式，因为在公司任职的原因，工余的空闲不是很多。也因为是刚起步，没什么人脉资源，也没有业务渠道的来源，更没有稳定的老客户资源。所以我给他的建议是，不用立马辞职，先从小客户着手，做好前期的积累，等到手头有充足稳定的老客户资源后再考虑辞职创办公司的事情。小马接受了我的建议，开始了我们合作后的正式接单。

2 000 元的安卓应用界面开发以及另外两个差不多等值的项目是凌动科技“开张”第二天接到的三个小单子。其实我心里很激动，没有什么比帮助别人获得成功更有成就感了。这三个单子，虽然金额是小了点，但却是个非常好的开始，而凌动科技秉承认真、负责的态度完美地完成了客户的需求，同时跟客户达成了长期的合作关系，积累了三个老客户资源，为将来成立公司打下了个小小的基础。紧随着这几个项目的完成，在一品威客平台上有了明细的项目交易积累，后续又有好几个客户主动咨询，希望与凌动科技合作。就这样，在忙碌的工作中合作的第一个月以 24 000 元的收入收官。

然后就是春节的到来，大家开始放假回家过年，在 2 月份至 3 月份期间，因为过年以及开春所有公司都积累了很多年前的项目要处理，所以这段时间小马很忙，一直都没有时间接单。直至 4 月份，我又跟凌动科技联系上，了解开春后接单的收益情况时才知道，虽然一直在忙公司上的事情，但是因为之前跟我们合作过项目的其中一个雇主又找他再次合作，交给了他一个 12 万元的应用软件开发项目。并且在完成了这个项目的同时，雇主还表示看中了小马的技术以及对事业的责任心，想要投资合伙开一家网络公司。

2014 年 5 月份，小马订了济南到厦门的机票，凌晨三四点飞到厦门来感谢一品威客提供的平台与机会，同时续费更高级别白金版的合作。那时的天气是非常炎热的，他下飞机到酒店放好行李就马不停蹄地打车到软件园二期一品威客公司，当时我也被小马的诚意感动了，立马下楼跑到车站接小马到公司参观休息。在公司我们俩又聊了下凌动科技最近的发展情况，也谈到了各自对创业的心得。沟通中得知小马获得了雇主资金的投入，成立了公司，办公场所和人手都已经准备好了，真是为他们感到高兴。

第二天小马因为公司的事情提前回济南处理，不得不结束了这短暂的见面。6 月份，解决了公司新成立要面对的问题后，凌动科技开始加大力度在一品威客接单。

似乎一切都很正常，并且稳定而持续地往好的方向发展，并没有大多数新成立公司面临的所谓客户资源等问题的困扰。借助跟一品威客的合作，获得源源不断的订单客户，成立新公司增加人手只是提高了每月的营业额而已。随着不断承接订单，凌动科技在一品威客平台应用软件开发行业里也有了知名度，每月主动咨询他们的雇主陆续不断。现如今每月收入都非常稳定，实现了每月最少十几二十万以上的接单量。

感言：一家创业型公司，在技术实力没问题的情况下，你需要做的是选择至少一个以上的稳定业务渠道来支撑公司的整体业务发展。有渠道和没渠道差距很大，很多创业型公司还在苦苦支撑着面临解散的

团队，而有些做出了选择，有稳定的业务渠道，不愁业务来源，每月稳定并且有所上升地发展着。凌动科技的创办人从个人兼职开始，在网络公司担任程序开发人员时就已经着手创业的事情，也选择了一品威客平台积累稳定的老客户资源。

凌动科技工作室目前的团队规模为4～5人（纯开发人员），主营业务：手机客户端应用软件开发，负责人是马成龙。

雇主需要注意哪些事项

雇主要收到优秀的来稿，以下几点很重要①：

1. 任务内容要单一。发布的需求要尽量单一，尽量简洁。一个需求一个任务，会员所做的工作就不会烦琐，工作量不大，参与人数自然就多些，交稿质量自然就好些，任务自然也更受威客朋友喜欢。

2. 关注稿件要及时。任务发布后，就有会员陆陆续续地交稿了。这个时候要抽出时间来多多关注交稿情况，当威客朋友知道雇主（任务发布者）在时时关注他们的劳动成果，对参与任务也就更积极。

请注意一个细节，查看交稿时一定要登录查看，这样交稿的作品才会从未浏览状态转变为已浏览。

3. 沟通交流要到位。好作品都是沟通出来的，当会员了解了详细情况后，当会员知道了我的想法后，做出来的作品才能够更接近我的需求，自

① 素材提供：郑辉江。

然就更能够满足我的要求，作品自然也会更让我喜欢。

4. 邀请人才要耐心。发布任务后，可以到人才库里面去搜索一些与任务相匹配的会员，因为他们的技能与任务类型相匹配，又是发布者亲自去邀请，威客朋友就更愿意接受。一个个地邀请更能够显示出诚意，比群发机械地邀请要强要好。

威客网站的在线交易服务模式

创意设计在线交易服务

一品威客网作为中小企业和创意人、设计师之间完成设计、创意产品和服务网络交易的平台，提供了精确的任务和威客匹配功能，帮助达成的交易内容包括：品牌设计、应用设计、软件开发、营销推广、建筑装修、文案写作、多媒体设计、照片处理、生活服务等。

雇主（个人或企业）发布需求任务，同时托管赏金，威客（平台注册会员）登录网站主动承接任务，按要求提交成果，雇主拿到作品满意后再付款。发布任务的可选类型包括：悬赏任务、招标任务、雇佣任务以及直接雇佣任务。雇主根据完成任务的时间限制可选择置顶任务服务，提高曝光率和参与度。威客可根据偏好选择屏蔽搜索服务、隐藏投标服务等，提升原创度和保密性，威客创作的所有作品在版权卫士规范范围内，可参与任务稿件的知识版权保护管理。因为网络交易存在虚拟性和不可避免的信任风险，为了保障双方交易进度和各自利益，公司成立专门的威客服务团队、雇主服务团队，为有需求的企业和个人提供一对一的供需咨询、促成最优化服务，另外成立了专门的企划部门帮助有需求的企业做营销推广及品牌建设，不仅推动企业发布的工作得到落实，也推动了中小型企业快速成长。

1. 全额悬赏任务易于操作和理解，但它的应用范围有一定的局限。比较适合简单任务，如：简单的在线工作、取名、撰写文章、图像设计、LOGO设计等，任务流程如下：

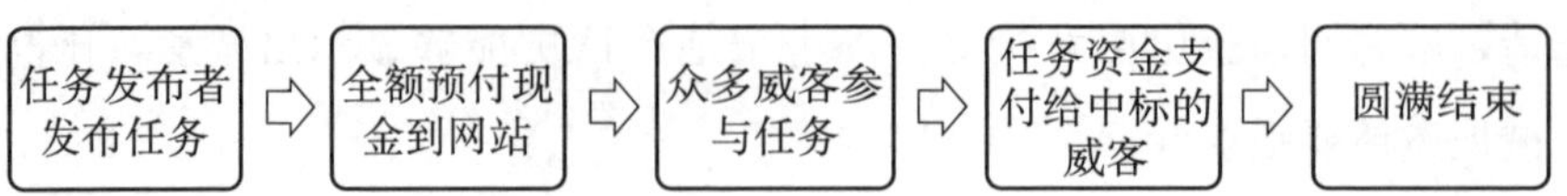

2. 招标任务应用在科技领域，可以很好地与专家进行对接，帮助企业解决科技难题。招标任务流程如下：

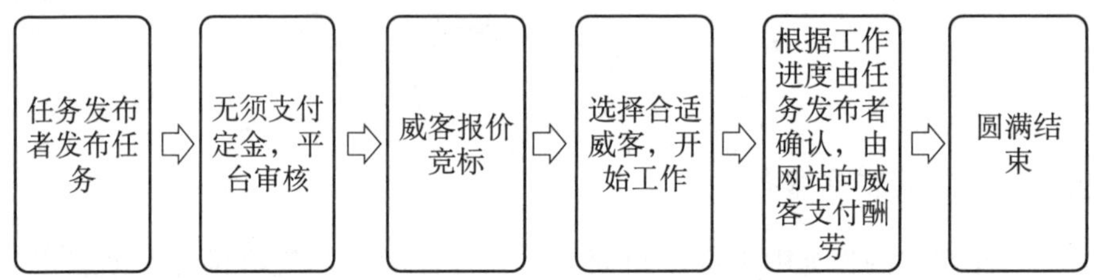

3. 随着平台用户的积累，不断出现老用户，雇主和威客产生了第一笔交易后，互相建立了信任的关系。简化了“发布任务—投标—选标”等原有流程，衍生出新的任务模式：直接雇佣任务。通过人才商铺等针对途径，雇主直接雇用威客开始任务，并且赏金100%归威客所有，真正让雇主和威客实现双赢。直接雇佣任务流程如下：

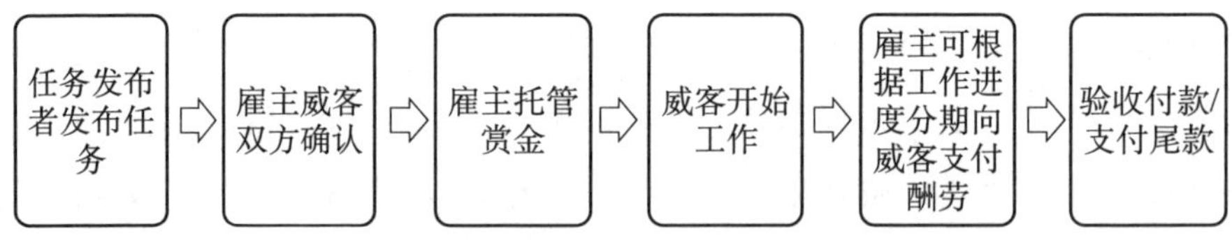

VIP公司商铺模式服务

VIP商铺是一品威客网的核心网络产品，为众多专业创意及服务类公司入驻威客平台首创了平台条件，新辟的“公司商铺”，一方面提升了平台解决复杂任务的能力，另一方面配合平台的资源，建立起集合网站建设、产品展示、企业推广、在线洽谈、身份认证、搜索引擎优化、承接订单等多种功能的网络商铺，使得 VIP 商铺会员企业不断积累起商铺的品牌知名度、信用等级度，在相关产业链条中的获得多重商机，相比个人威客大大增加了获利机会。

平台基于“社交一本地化一移动”的模式进行开发，方便威客构建虚拟团队和商铺，使得一些跨地区、跨组织、拥有不同技能的威客可以在平台上进行连接，组建团队构建商铺，从而使他们可以承担更多的威客任务。平台将大大增加威客之间的交流、信任和协作，从而增强威客的技能，使他们完成个体威客无法完成的复杂任务。

同城速配服务

本服务指一品 VIP 会员可自由设置要定制的城市和分类，雇主一发布符合同城和分类的任务信息，会即时同步到 VIP 用户后台，并通过短信和邮箱的方式同步发送，同时，VIP 会员可在同城速配的页面查看任务参与情况并参与报价，VIP 会员能在第一时间获取雇主发布的需求信息，及时联系雇主，增加获取订单的机会，有效提升资源配置效率。通过商铺的任务速配功能，让 VIP 用户和雇主一对一交流，谈妥后再正式进入交易，满意付款。付出即有所得。对于复杂创意任务，引导发布直接雇佣任务，平台提供撮合买家、卖家信息系统匹配服务，增加订单成交量。

中国原创威客品牌系列服务

为了培育和扶持更多的威客人才，提高其知名度，扩大其影响力，让更多的人了解他们。一品威客网推出“中国原创威客品牌”系列，通过专题形式为能力等级高、交易收入排名前列和好评率高的威客提供包括威客优秀案例展示、威客新闻访谈、威客工作经验分享等在内的服务，对威客品牌进行全方位的推荐宣传。目前已经推出 8 期，在威客品牌传播、树立典型方面取得了良好效果。

小微企业创业孵化

一品威客网创意设计服务交易云端平台是一品威客网专门为小微企业量身打造的。通过为小微企业提供办公场地，同时一品威客网也会组织相关创新创业技能培训，让小微企业培育自己的线上品牌，积累经验，实现财富增长和核心竞争力的增长，小微企业通过在线上承接大额和复杂的创意、设计、开发任务，发展后可以成立实体公司，实现创业目标。

原创设计师数字版权经纪服务

公司与设计师共同拥有作品的知识版权，作品由公司进行市场运作，获取收益，最大限度地发掘设计师的价值。目前一品威客网已举办了两届表情大赛，大赛原创设计师成为一品威客网的签约设计师，作品进入公司原创设计师数字版权库，通过公司合作渠道进入市场售卖，获取收益。

一品威客综合网络平台将构建“原创作品库＋数字版权库＋教育素材库”三大资源库。数字版权经纪收益开创了威客行业全新的盈利渠道，指通过买断或者代理设计师数字版权，向社交化媒体平台发行，获取收益分成的模式。平台建设中的大部分内容都是由用户创造的，具有部分对用户有价值的信息，为了方便用户使用而设置了平台使用说明、平台官方公告等资讯。

威客网站的盈利模式

1. 网站 VIP 会员收入

不同等级的 VIP 会员年费。3 600 元/年～19 800 元/年不等。

2. 网站增值业务收入

（1）任务加急：适合紧急任务，提供多方式推广，提高参与度，费用50元。

（2）屏蔽搜索：禁止百度等搜索引擎收录，保护隐私，费用50元。

（3）任务置顶：任务三天内置顶，提高曝光率和参与度，费用50元。

（4）隐藏投标：威客投标仅雇主可见，提升原创度和保密性，费用50元。

（5）客服包办：需求撰写、评选稿、产权转让办理，客服帮您搞定。

A. 写您所需：客服代写需求，让威客全面了解所需，费用50元。

B. 产权代理：客服协助办理著作产权转让，免后顾之忧，费用50元。

（6）威客速荐：第一时间推荐优质威客，事半功倍，费用100元。

3. 数字版权经纪分成收入

通过买断或代理设计师数字版权，向腾讯、百度、阿里巴巴等社交平台发行，获取收益分成。

4. 渠道代理佣金分成及加盟费收入

（1）渠道代理商销售雇主服务产品的佣金分成。

（2）加盟商的加盟费。

05

菜鸟威客敲门砖

做威客，先熟悉威客游戏规则

新的威客进入一个威客网站，头一步一定是学习熟悉该网站的游戏规则、行为规范。下面以一品威客网站为例，看一看威客网站一般的行为规范是怎样的：

一品威客网交易行为规范[①]

第一章　概述

第一条　为保障一品威客网用户合法权益，维护一品威客网正常经营秩序，根据国家相关法律法规及《一品威客网交易行为规范》，制定本规范。

第二条　一品威客网交易行为规范，是针对一品威客网用户任务交易规范的条款。用户在一品威客网进行任务交易，应当遵循平等、自愿、诚实、信用原则。

① http：//www. epweike. com/about-view-transaction. html.

第三条 违规行为的认定与处理，应基于一品威客网认定的事实并严格依规执行。一品威客网用户在适用本规则上一律平等。

第四条 本规范内尚无规定的，一品威客网有权酌情处理。但一品威客网对用户的处理不免除其应当承担的法律责任。

用户在一品威客网上的全部行为仅代表其个人或法人，不代表一品威客网，基于该行为的全部责任应当由用户自行承担。

在一品威客网上完成的交易，除法律规定不能转让或用户另有约定外，交易中涉及的相关的知识产权全部转让于雇主所有。

用户在一品威客网注册成为用户时起，应当接受并同意本规范，否则不能使用一品威客网交易平台的各项服务。一品威客网有权随时修改本规范并在网站上予以公告。自公告之日起，若用户不同意相关修改的，可立即停止使用一品威客网的相关服务或产品；若继续使用的，则视为接受修改后的规范。

一品威客网有权对用户行为及适用的规则进行单方认定，并据此处理。

第二章　规范

第一条 雇主对威客服务不满意而提出的投诉，经平台客服介入确认，该威客将被扣除相应信用能力积分，**每次扣 500 积分：**

1. 威客服务态度问题投诉；
2. 雇主三次或三次以上都联系不上威客。

第二条 雇主投诉威客违背交易承诺，经平台客服介入确认，该需求将按平台判定结果执行，该威客将被扣除相应信用度分值，网站可视情况，酌情处理，**每次扣 1 000～3 000 积分：**

1. 未按合作工作需求完成：没有按照之前和雇主约定的工作需求完成工作；

2. 未按时完成工作：没有按照之前和雇主约定的时间完成工作；

3. 拒不修改中标方案：中标威客拒绝雇主提出的合理需求范围内的修改要求；

4. 无能力完成工作：威客投标且中标后，没有能力完成雇主的需求；

5. 无时间接单完成工作：威客投标且中标后，中标威客以工作繁忙无时间接单为由拒绝完成工作；

6. 无理要求追加赏金：威客中标后，无理由地要求雇主增加赏金的行为；

7. 威客违背其自行作出的其他承诺。

第三条 不履行源文件交付职责：指威客不按照需求约定内容或正常的交易流程，向雇主提供符合需求要求、可正常使用的作品源文件的行为，包括：

1. 威客无论以任何方式要求或引导雇主先支付赏金，再交接源文件（作品）；

2. 威客上传的源文件格式与需求的要求不一致且不配合修改或重新上传；

3. 威客上传的源文件内容与需求的要求不符且不配合修改或重新上传；

4. 其他因源文件本身的问题导致雇主无法使用且不配合修改或重新上传。

若被认定为不履行源文件交付职责，视情况处理，**每次扣除 1 000～3 000 积分。**

第四条 如威客在短期内连续多次被不同雇主投诉，且情况属实，网站保留最终处罚权，一品威客网有权酌情严肃处理。

第五条 雇主作弊，选自己马甲中标：雇主发布需求后选择自己（或同伙）账号中标，涉嫌套取他人创意的行为。雇主的选标被认定为作弊，选自己马甲中标的，网站将取消中标，**中标威客和雇主积分都将被扣除 2 000 积分。**

第六条 审标不合理：计件需求中，雇主对威客提供的稿件没有按交易需求进行选标的行为。计件需求中，威客举报雇主审标不合理，一旦成立，撤销该稿件不合格并补偿给威客双倍能力值，**雇主信用积分将被扣除1 000 积分。**

第七条 无理要求，无法完成：雇主提出额外的不合理的要求。

第八条 雇主被威客举报无理要求，无法完成的，经平台客服介入确认，该需求最终将按平台判定结果执行，**每次扣除雇主信用积分 1 000 积分。**

第九条 不讲诚信，拒付赏金：威客完成全部或部分工作后，雇主没有按照之前的约定支付赏金，经平台客服介入确认，该需求最终将按平台判定结果执行，**每次扣除雇主信用积分 1 000 积分。**

第十条 恶意评价：指评价人以造成被评价威客损害为目的，恶意利用本人、他人的名义对威客做出“差评”或“中评”的评价。

第十一条 用户被举报为恶意评价的，经平台客服介入确认，该评价恢复好评，恶意评价的用户将被扣除相应信用度，**每次扣除雇主信用积分1 000积分。**

第十二条 恶意举报：指威客自己或利用他人，对竞争对手的正常信息（包括但不限于投标、需求、评论、服务等），在短时间内进行多次举报，严重妨碍威客正常交易活动的行为。无论是否对其他威客造成直接或间接的影响，平台可视情况处理，**每次扣除信用积分500～1 000积分**。若恶意举报行为对被举报威客造成错误扣分，则补回被扣分。

第十三条 稿件涉嫌抄袭：指威客提交的稿件作品涉嫌与已注册或者已使用的作品或已提交的作品相似。若威客提交的稿件被认定为抄袭他人，网站将屏蔽该稿件，并扣除相应的信用度分值，**每次扣除信用积分500积分**。如果该稿件已中标或者备选，则取消中标或者备选资格。

第十四条 一个月内因威客原因产生二起以上纠纷投诉，平台将直接对威客进行降级处罚。

第十五条 恶意发广告，一经发现直接处以封号处理。

第十六条 累计被扣完信用等级积分的用户，将给予关闭店铺、查封账号等处理。

第十七条 此规范上线即刻生效。

一品威客网投标/投稿规则①

威客在一品威客网进行投标/投稿，需遵守以下规则：

投标内容：不得虚假报价，不得谎报工期或所在地区，不得伪造或者夸大自身能力或经历。

投稿内容：不得提交无效稿件，不得盗用、抄袭他人作品或与他人作品高度相似。

① http：//www.epweike.com/about－view－work _ rules.html.

此外：

1. 不得出现广告等与任务需求无关联的内容。

2. 不得出现色情等违反国家法律法规的内容。

在线交易评价制度

包括：首次评价、追加评价、解释评价。

新增机制为修改评价、追加评价、解释评价，做到公开透明，防止恶意评价等。

双方首次评价和修改评价

● 首次评价：任务圆满完成后，雇主和威客双方可以互评。若超出 3 天未评价，系统默认好评。

● 首次评价是影响雇主信誉值、威客能力值、威客好评率的关键因素。

单次交易威客获得的威客能力值＝获取的赏金＊好评系数

雇主信誉值＝支付的赏金＊好评系数

（好评系数：好评 1.0，中评 0.5，差评 0）

雇主追加评价

● 雇主对威客完成首次评价后 20 天内（不受修改评价时间影响），可以对威客进行追加评价。

● 追加评价仅提供评价内容，无须打分，也不影响威客能力值和好评率。

威客解释评价

- 威客可以对雇主的首次评价和追加评价各自进行解释评价。
- 若雇主进行过修改评价，那么针对首次评价的解释评价隐藏。
- 解释评价仅提供评价内容，无须打分，也不影响雇主信誉值。
- 差评可以被修改为好评，好评不能修改为差评。

明星威客宣传推广制度

一品威客平台上涌现出了两岸四地众多明星威客，在业界享有较高的美誉度和影响力。为了培育和扶持更多的威客人才，一品威客网对明星威客进行重点推荐宣传，提高其知名度，扩大其影响力。

明星威客主要特点

实力强：威客的能力等级和交易收入均排名前列，实力有保证。

服务好：威客拥有高于同行业的好评率，能够用心为雇主服务，并快速完成任务。

满意为止：雇主与明星威客进行交易，威客提供服务直到雇主满意为止。

配置资源对明星威客进行宣传推广

一品威客网将配置多种资源，对明星进行宣传推广。包括明星威客专题包装、首页黄金广告位推荐、威客访谈新闻宣传、官方微博微信等宣传推荐、百万用户站内信及邮件推荐、站外新闻网站宣传等。

明星威客申请宣传条件

明星威客需在一品威客网通过各项认证，并拥有装修完整的商铺，比如能力标签设置完整，并有案例展示、出售服务、商铺介绍等内容。同时，明星威客承诺要为雇主提供优质的服务。

另外，平台可根据不同类型排行榜，评选出不同类型的明星威客，并配置不同的资源进行宣传（见表5—1）。

表5—1　　不同类型明星威客对应资源表

分类	交易排行榜	中标数排行榜	好评率排行榜	配置资源	备注
设计	TOP1～10	TOP1～10	TOP1～10	专题、首页广告、社交媒体、站外新闻	排行榜越靠前、等级越高的明星威客获得的宣传资源将越多，反之则越少。同时满足四个条件的优先宣传。
	TOP11～50	TOP11～50	TOP11～50	专题、二级页面广告、社交媒体	
	TOP51～100	TOP51～100	TOP51～100	新闻采访、社交媒体	
开发	TOP1～10	TOP1～10	TOP1～10	专题、首页广告、社交媒体、站外新闻	
	TOP11～50	TOP11～50	TOP11～50	专题、二级页面广告、社交媒体	
	TOP51～100	TOP51～100	TOP51～100	新闻采访、社交媒体	
装修	TOP1～10	TOP1～10	TOP1～10	专题、首页广告、社交媒体、站外新闻	
	TOP11～50	TOP11～50	TOP11～50	专题、二级页面广告、社交媒体	
	TOP51～100	TOP51～100	TOP51～100	新闻采访、社交媒体	
文案	TOP1～10	TOP1～10	TOP1～10	专题、首页广告、社交媒体、站外新闻	
	TOP11～50	TOP11～50	TOP11～50	专题、二级页面广告、社交媒体	
	TOP51～100	TOP51～100	TOP51～100	新闻采访、社交媒体	
营销	TOP1～10	TOP1～10	TOP1～10	专题、首页广告、社交媒体、站外新闻	
	TOP11～50	TOP11～50	TOP11～50	专题、二级页面广告、社交媒体	
	TOP51～100	TOP51～100	TOP51～100	新闻采访、社交媒体	

注：根据当月交易排行榜等榜单综合考虑以确定明星威客。

已宣传推广的明星威客

一品威客网目前已经完成对旋风设计、艺客动漫、艾肯美道、集创品牌、嘉荷创意、深圳工业设计、程立军、光芒品牌设计、杭州华舰等明星威客的宣传推广（见图5—1），后期会继续创新包装形式，提升对明星威客的宣传推广能力。

图5—1　部分已获宣传推广的明星威客

从容易赚钱的简单任务入手

每年都会有大量的年轻人怀着对创业的激情和好奇进入威客行业，体验依靠自己智慧创造价值的神奇过程。因为他们属于菜鸟，所以最大的困惑往往是不知从何处下手。雇主发布的各种任务铺天盖地，就像你走进首都图书馆，一下子面对百万、千万册的各类图书，忽然发现自己不知道该看哪本书好了。

我们给出的建议是：开始时培养自己的自信心很重要。先拿一些相对容易的任务练手，争取赚得“第一桶金”。有了第一次成功的喜悦，威客的大门就算是被你推开了。最悲观的情况：即便你什么都不会，也可以在威客网站上面接些散单来做，比如兼职发外链，发一条外链的报酬一般为几块钱。也可以做线下推广，这些都是容易上手的赚钱活。当然，如果你不属于这里所说菜鸟级别，可以跳过此节，直接进入下一部分内容。

一品威客网站有三免政策，并且不抽佣金、提现不用手续费。这对于新人菜鸟、接散单的朋友们而言无疑是一个福音——试想一下，本来就做了百十块钱的单子，再被抽佣，提现还要被扣手续费，那么你的劳动成果不是一下就缩水了。此外，一品威客有诚信卫士保障。

菜鸟接发外链的任务单，一条外链也有几块钱，一天几十块钱不是个问题。发外链挺简单，像博客就是一个很好的外链平台，选择几个热门的博客，比如新浪博客、网易博客、和讯博客、中金博客。这些博客在百度的信任度都比较高，也有一定的影响力。博客需要定期维护，这样它们的权重会逐渐提高，权重上来了，那么外链的效果是非常好的，可以达到事半功倍的效果。

在各大论坛上发布外链也是很好的方法。现在有几个大的论坛，它们都很权威，推广效果也比较好，比如A5在行业内的知名度就很高，我们可以长期驻扎在上面，发发自己的原创帖子，讨论问题，这样随着你自己的等级提高，你发的帖子的质量也会随之提高。

最好的外链资源是百度的产品，百度经过这么多年的调整，对自己产品的权重越来越看中，它的“百度知道”、“百度贴吧”都是好地方，大家可以有技巧地发些文章，以便获得好的排名。

接单任务一般需要先看雇主是否有特定要求：在什么平台上发布外链，雇主有要求的话，就要按照雇主要求发布外链；若是雇主没有指定外链平台，你就可以随意发布了。但收录是必须要有的，通常雇主也会按照你发布外链的质量来分配你所得的佣金。将你发布的外链交给雇主验收后，雇主验收通过，佣金就到了你的账上。

已经成功的威客总结出来的经验含金量最高。下面推出几位热心分享自己威客创业道路上心得体会的威客。如果想直接请教他们，不妨直接联系他们。在威客网上搜索他们的笔名、昵称，很容易就可以找到他们。

案例：9 年威客路的启示，浅析头脑风暴路上的点点滴滴[①]

不敢说自己是顶级威客，当年和我一起入行的威客，很多都已经成长到了我无法超越的高度，也不想以年龄、阅历、经验为自己找借口。9 年威客路，曾经也辉煌过，对于一个文案领域的威客而言，曾经一个人做到月入 8 000 元的顶峰；百度搜索关键词“软文”，个人店铺亦曾位列首页，自问来之不易，关键看你付出了多少。

从玩玩到放弃，从学习到成长，从兼职到全职，从全职到兼职，一路走来 9 年威客路给了我太多的启示……

1. 两种人做威客只要坚持下去必有所成。这里所说的“有所成”，指的当然是收获，至于收获的多少、是否丰厚那就要看个人了。

2006 年我接触威客行业，当时还是个 18 岁的愣头青，听说创意能赚钱，就在威客网站上盲目地投稿，那时候感觉自己什么都不会，只是觉得起名任务和广告语任务就是几个字的事，应该是最简单的任务，于是就盲目地交稿、投稿，一个月下来结果可想而知。那时候没有定力，很快就把这件事淡忘了。

① 案例来源：威客流雨创意工作室。

直到两年后的某一天，那时我人在异国他乡，每天勤工俭学，为了挣点生活费，经常要上夜班，可以说当时是身心俱疲，也许是冥冥注定，有一天我突然好奇，再次打开了曾经投稿的威客网站，那一刻我有些不敢相信自己的眼睛，竟然发现账户里赫然躺着 100 多块钱。

也就是从那时开始，我相信原来头脑风暴是真的可以在互联网上进行物质交换的，于是，我终于下定决心去搞明白威客到底是怎么一回事。

粗通计算机，上学的时候文笔还不错，而当时正是软文横行的年代，于是我抓住一切时间学习软文创作，日复一日，短短一个月的时间，不眠不休地投了近百篇软文，也终于看见了成果，那个月竟然拿到了近千元的收入。

● 威客网站是走向职场前最好的课堂

说到这里第一种人也就呼之欲出了，没错，正是在校的大学生或者刚刚毕业的愣头青，因为在威客网站上你可以学到很多你在学校里学习不到的知识，甚至于可以增长你的阅历和处事经验，这对于你将来走入职场很有好处。

我甚至可以明确地告诉你，如果你真的能够在一品威客网的某个领域做到一定的知名度并有所成就的话，把它写在简历中给你带来的加分，将远远超过你那不知名的二流、三流大学的“绿本本”。

● 威客网站是创业者原始积累后的可持续发展平台

还有一种就是创业者，我所说的创业者应该是年龄在 30 岁左右，已经通过长期的职场阅历和经验培养了深厚的行业底蕴，同时有一定的原始积累的人，这类人走向威客网站创业并长期坚持，一定会找到一个可持续发展的良性生存链条。

为什么不鼓励大学生毕业就在威客网站上创业呢？主要是考虑到创业过程中所需要的资金、时间、经验、人脉，这些都不是一个刚刚走向社会的大学生所具备的基础条件，而一段时间的职场积累，可以帮助你在未来的创业路上减少一些可预见的障碍。

卢梭曾经说过："成功的秘诀，在永不改变既定的目的。"所以如果你有幸正是以上两种人中的一种，你要做的只有两件事，坚持和有计划地坚持。

2. 做威客切忌盲目拜山头。什么是拜山头？也就是我们常说的拜师学艺，很多新手威客一上来就盲目地相信许多成功威客分享的经验，按照他们的说法按部就班地去实施，但这样做真的能给你带来成功吗？

我相信即便是成功也是短暂的，毕竟真正属于自己的成功是不可复制的，美国著名演员卓别林先生也说过："人必须相信自己，这是成功的秘诀。"

对于威客而言，一定要学会自学，毕竟互联网上的更新换代永远走在世界的前沿，也许今天流行论坛软文，明天就流行微博软文；今天流行 PC 客户端编程，明天就流行移动手机端编程……

只有你自己掌握了某一个领域的核心技巧，你才能始终跟上这个领域的整体步伐，三人行必有我师，但是不要忘了超越自我才是最难的巅峰！

3. 每个成功的威客心中都有一杆秤。这句话我曾经无数次和许多新手威客分享，不论你是哪个领域的威客，一品威客网有一个很好的特点就是你可以参考到很多威客的作品，这无形中就相当于为你提供了一个头脑风暴的专业在线图书馆，在这里你能涉猎到很多相关领域的专业知识，关键是看你自己能从中挖掘到多少。

很多人都抱怨雇主选标不公平，亦有很多人都觉得自己的作品天衣无缝，那么你是否有用心观察过你的竞争者？你是否有观摩过那些中标的作品？你是否每次都会把中标的作品和你的作品一一对比分析？你是否在每次交稿前，都把自己的作品交由身边的亲朋鉴赏？

这些看似微不足道的小细节都是你日后成功的关键，作为一个威客，如果你能够以一个旁观者的身份去观察一个任务的竞标过程，去分析雇主的心理，还能准确无误地猜中是哪个作品中标，那么我要恭喜你，因为你离中标已经不远了，终于可以出师了！

4. 做威客如经商，给自己一个定位。如果你准备踏踏实实在这里大干一场，那么应该清晰地给自己定位，你擅长什么？和竞争者比较，你有哪些优势、劣势？一个成功的威客需要学会的不仅仅是提供一份创意，还有自我包装、自我提升、自我推销和自我完善，也就是说一个威客在初期要充当文案、设计、营销、客服、售后等多重角色，你能扮演的角色越多，你扮演角色时越入戏，也就意味着你成功的筹码越多……

最后，想要告诫所有的新手威客，还有刚刚毕业的年轻人，机会是给那些有准备的人的，成功没有偶然，只有必然，一个人的成就不是他在某个领域获得了多少物质财富，而是他在这个领域获得了多少收获，这些收获对他以后的工作生活能带来什么帮助或者产生什么变化？

当你准备加入威客行列的时候，自己默默地在心里问问自己，我来了，我为什么而来？

前面这位威客说“真正属于自己的成功是不可复制的”，马云也说过类似的话：成功都不会一样，失败却经常一样，不如多去看看别人失败的经验教训。但不幸的是：失败的创业者往往没有心思写书或写文章给大家分享自己如何失败，所以我们平时能够看到的，绝大部分还是成功者的故事。

不过哪怕是个成功者，他创业的过程之中也不大可能会一帆风顺，难免也会遇到挫折。会学习的人，无论是从别人的成功还是失败之中，都可以学到对自己有价值的东西，多读人物传记是一个捷径，这就是第一条小诀窍。天使投资人蔡文胜和他投资的 85 后创业者尹光旭，都超级热爱阅读人物传记，他们俩都看了上百本成功人士的传记故事，从中挖掘自己可以学习的地方。如果你觉得自己还不算成功创业者，先检讨一下自己有没有像人家蔡文胜、尹光旭那样，已经读了上百本人物传记书。

第二个小诀窍是：当别人老师其实是学习的快速渠道。因为你要想在某个领域当别人的老师，就必须逼着自己深入钻研这个领域，懂得比别人多那么一点，你才敢出去教别人。这也就启发我们：时刻记得整理、记录自己的点滴经验、心得，你觉得属于有价值、含金量高的干货，往往也确实正是其他新人渴望获得的干货。你与周围人分享的好东西越多，大家对你的印象越好，别人一旦有好的干货要分享时，也不会忘记你。

第三个成人学习的小诀窍则是：成人学习最高效的办法就是社会交换。大家彼此分享各自的干货，这就是知识的社会交换。

下面介绍我认识的一位威客，他进入一品威客只有一个月左右，就接连中标。大家看看他是否天赋异禀。

案例：中标经验分享[①]

我进入一品威客大约 1 个多月时间，在文案中起名和广告语创作上接二连三地中标，现将如何做任务和中标的经验跟大家分享一下，以便大家一起学习、共同进步，愿这些经验对那些刚入门的新威客有所帮助。

① 案例来源：威客 lijie28。

1. 挑选适合自己能力的任务。一品威客上的任务多种多样，有的赏金相当高，但不要被过高的赏金所吸引，去选择一些自己根本完成不了的任务，这样既浪费时间，也浪费精力，最终不能够中标还会觉得失望，打击自信心。例如，有个任务悬赏 1 000 元为孩子起名，但雇主要求生辰八字、三才五格必须匹配，如果并不懂这些，而是去网上用一些算命的软件查询，这样不准确，算出来的姓名与孩子的命格并不匹配，不但不能中标，还浪费自己的时间，最终也只是落个鱼目混珠的下场，所以做任务一定要量力而行，不要被利益所吸引。

2. 审题很重要。当挑选到适合自己的任务时，要反复阅读任务中雇主的要求，揣摩雇主的意图和悬赏任务的中心思想，以免理解偏差创作出不符题的稿件。例如，在一项广告语的要求中，雇主要求写 10 字以内的广告语，由于没有仔细阅读任务要求，一条广告语写了 20 多个字，这样肯定不会被采纳。记得有一次，有一个任务是要求给某品牌起两个字的注册名，由于自身审题有误，投了一个三个字的稿件，虽然是冥思苦想，但直接就被淘汰了，所以明确任务要求，审题清晰是中标的前提条件。

3. 要下载一些查询软件。在很多任务中雇主都要求，提交的名字不得在商标网上注册过，且必须是首次交稿，这样就需要下载一些有关查询方面的软件，例如商标网查询软件，这样在做为公司、店铺、品牌起名的任务时才能知道自己的创意有没有重复、有没有被注册过，只有未被注册过的名字才会优先被雇主阅读和采纳。

4. 可以借鉴，但不能抄袭。新威客由于经验不足，不知该从哪方面入手完成任务，可以在做任务之前去阅读一下以往威客的成功案例，上网查询一些比较权威的公司、品牌的设计理念和创意等，当然仅仅是借鉴，看看人家的优点，增加自己的一些创意理念。在我做广告语任务时，发现“农夫山泉有点甜”这句广告语是众多雇主相当喜欢的成功创意，在这里推荐给新威客，以便以后遇见类似的任务可以有所借鉴和思考。

5. 积累知识。在做任务的过程中，很多人就会发现知识的储备越来越不够，这就需要在闲暇时间多阅读一些相关的书籍和资料，以丰富自己的头脑，拓展自己的思路，让自己的创意水平更上一层楼。此外，还要注意生活中的细节，例如，有一次我在设计一条广告语时一直找不到合适的词语，于是，就在逛超市的过程中留意了一下身边那些商品的广告语，以此拓展自己的思路。

6. 关键是要与雇主沟通。有时候，在任务描述中，雇主并没有完全反映出他心里想要的东西，尽量在投稿之后与雇主进行有效的沟通，以了解他们内心的真实想法，找到切入点，提交有效的稿件，增加中标的机会。例如，在广告语的设计上，要突出产品的本质优势，但威客本身并没有真正接触过雇主任务中的产品，这样就需要威客主动与雇主沟通，了解雇主想在广告语中体现该品牌产品中的哪项优势，以便在广告语中可以突出呈现。

7. 换位思考。无论是做任务，还是做人，其实换位思考是很重要，也是很有效的一种站在对方的位置上、理解对方想法的方式。例如，起名任务中，首先你要站在孩子父母的位置上去体会他们的想法，当父母的自然是希望自己的孩子拥有最棒的名字，最美好的未来，在名字的创意上不但要符合孩子的命格，还要别具一格，所以太普通的字尽量不要采用，那样太大众化，一般当父母的都会觉得很俗，不会被采纳。

8. 修改稿件。为了提升中标率，当雇主跟你沟通，对你的任务稿件做出点评时，一定要虚心接受，根据雇主的提示，不厌其烦地尽量修改到让对方满意，这样才能大大增加中标的机会。

9. 新威客必要时要跟客服沟通。我在威客之中还算是一名新手，刚注册威客网时，对很多东西都不懂，在这个时候，唯一能帮助你解决问题的就是客服，无论是做任务还是威客网上的一些规则，如果不懂，千万不能装懂，一定要不耻下问，而且威客的客服服务态度都非常好，一定会帮到你。

威客新人常会遇到的问题及解答

有些问题是威客菜鸟通常都会遇到、都会提出的，我们选择了一些这种常见疑问，集中在本节予以解答。

1. 问题：为什么我所参加的任务在投稿截止后会出现冻结的情况？当任务出现冻结情况时，一品威客承诺会及时与雇主取得联系，否则在投稿截止一周后进行摇号，选取中标威客，为什么我所参加的这几个任务，都超过一个多星期了，冻结问题还没有得到解决？威客们辛辛苦苦写了稿子、做了设计，却出现了冻结情况，而且在一品威客里任务被冻结的频率有点太高了，一品威客准备如何尽快解决这些问题？作为威客新人，作品中标的几率很小啊，有什么方法可以提高作品中标率？

答复：任务冻结有很多原因，可能是雇主长期未选稿，可能是任务发生纠纷等。需要具体问题具体答复，您可以提供任务地址私下咨询客服。

提高中标率没有捷径，需要循序渐进。这个过程除了提高自身技能

（比如可以查看一些任务的中标作品进行学习）外，还需要细心、耐心、同理心（比如能多与雇主保存联系，站在雇主的角度考虑问题）等。

2. 问题：有些生活类任务交稿了不给评价，合格不合格都不知道。是不是骗稿？

答复：可能是选稿期还未到，雇主需要稍后去评标，也可能是其他特殊原因。需要具体问题具体分析，您可以提供任务地址私下咨询客服。

3. 问题：手机客户端做任务发图片看不清怎么办？

答复：由于手机展示空间有限，图片上传到手机客户端，默认会以缩略图的形式展示。点击缩略图，可以查看大图。

4. 问题：有的任务我们提交了作品却找不到了雇主，私信也没有回复，我们也没有什么办法直接联系到雇主，威客网是不是应该在保证雇主利益的同时考虑一下威客的利益，我们并不希望自己的创意白白浪费掉。

答复：悬赏类任务，雇主会托管赏金到网站，我们会监督雇主选标保障威客权益。另外，您是哪个任务长期联系不到雇主呢？需要具体问题具体分析，您可以提供任务地址私下咨询客服。

5. 问题：为什么不让悬赏任务雇主公示期结束之后直接自动支付，而要等上七天，这导致我们一个任务从开始到完成要花半个月左右的时间，太费时了。据我参加的悬赏任务经历来看：雇主从不手动付款，联系方式QQ：819373305。

答复：因为平台要兼顾雇主的权益，等同于淘宝的“未支付”，七天自动付款，需要一个中间缓冲期。

6. 问题：能不能设置一个敏感词汇辨识系统，告诉我们那些是敏感词不能发表，否则我们一个个去猜会导致很多创意被删除，很可惜的。

答复：敏感词设置是为了避免不良分子发布色情、违法和广告信息，净化网站环境。如果公布出去，这些不良分子会想方设法以替代词、增加符号等方式偷龙转凤。所以，暂时我们不会考虑公布敏感词库，如果您有遇到此类问题而不能发表（相信此类情况应属少数），可以咨询客服解决。

7. 问题：最近搞的几次交流会，受益匪浅。可是威客是门靠技术吃饭的活，能不能提供一些技术类的培训，也好解决目前威客由于门槛低造成的水平参差不齐，鱼龙混杂的情况？

答复：收到建议，我们会考虑的。我们编写《众包与威客》这本书，就是想给新入门的威客们提供一本可以学习的教材。欢迎你在后续使用威客网站的过程中，把自己遇到的典型问题发给我们，我们组织答复之后也有可能把你的问题和我们的解答放入未来要出版的威客丛书里。

8. 问题：我是凭借兴趣成为一名威客的，学历不高，没有相关的专业知识，看到任务时才发现仅靠兴趣是做不出成绩的，我应该要多学习。有一个问题，就是在一些需要报价的任务中，我想看看前辈们是怎样做的，希望通过这种方式来学习一下，可是为什么只看到报价，而看不到交稿的任务呢？我是刚加入威客的。

答复：您好，出于版权保护和避免抄袭的原因，部分任务的雇主或者威客本人会设置稿件隐藏。您可以寻找未隐藏的稿件、中标公示期的稿件、还有成功案例（http：//www.epweike.com/anli/）进行学习观摩。

威客选择任务有哪些技巧

根据对威客任务状态的观察研究，有目的性地选择任务能极大地提高中标概率。我们很多威客根本没有关注到这一点，只知道任务发布了，然后去参与，然后就不了了之。到某一天总结一看，自己参与了几百个任务，却未中标一个。在威客网站做任务首先要学会选任务，只有选准了合适的任务，你才有更多的精力与信心去做任务。

做威客任务从细节上说要注意以下几点[①]：

1. 做自己专业范围内的任务。这个概念非常容易理解。比如你会设计与制作，那么就选择做设计与制作的任务。你会网站制作就做网站制作的任务，最大限度地发挥你的专业。如果你没有专业知识与技能，那么就广泛参与一般的任务，比如公司取名、发帖比赛等。

2. 时常关注任务结束时间与动态，关注威客参与少而时间快要结束的任务。有些任务对于威客来说比较复杂，但是在时间快结束时，你发现只有几个投稿而且稿子质量不怎样时，那么你就应利用现在的时间参与到这个任务中来。你只要做得比这些威客好，那么你的中标机会就会大大提高。

3. 做公开交稿的任务，不做隐藏交稿的任务。威客网站平台的原则是“公开、公平、公正”，只有公开了才能谈得上公平。因为在公开的状态下，所有威客都能对稿件进行检举。如果稿件作弊，那么提交此稿件的威客的名誉就会严重受损。隐藏交稿无法做到公平性，制造了大量的私下交易的机会，而且任务本身的信誉值得怀疑。所以只做公开交稿的任务是确保作品被认可的一种方式。

4. 关注任务发布者的浏览状态。假如一个任务从发布到一段时间为止（发布后的一个星期）都未被查看，建议不要参与这样的任务。因为这样的任务很有可能是虚假任务。一个连自己掏钱发布的任务都不及时查看的客户，他是不会注重稿件质量的。这样的任务发布者可能存在作弊的动机。所以建议威客不要参与。有些威客平台网站有客户“是否阅读”的功能，

① 资料整理：陈锡源。

这样就能更好地查看客户关注度。有些威客网站此类的功能弱，那么就从评论、信息动态等因素进行关注与分析。在威客智力产品逐渐提升价值的今天，有目的地选择任务已显得非常必要。

案例：做电路设计能在一品威客网接到订单吗?[①]

做电路设计能在一品威客网接到订单吗？来自上海的小祥电路设计给出了自己的答案。“加入 VIP 商铺，机会更多了。我相信自己实力够强，总会有订单的。目前，我已经获得一个 8 000 元的订单，还有一些在洽谈。”

小祥电路设计是一个兼职的威客团队，主要从事电子设备设计，目前有七名成员。负责人吴春祥，出生于 1987 年，福建泉州人，毕业后一直在寻找创业的机会。以下是他的经验分享。

●邀约小伙伴组建团队

我叫吴春祥，是小祥电路设计的负责人。三年前毕业于中国农业大学，毕业之后就一直从事电子硬件设计方面的工作。出于对电子设计的热爱，我在学校的时候，就经常参与一些电子设计竞赛。同时也担任过学院电子协会的会长。

工作之后，我慢慢认识了一些志同道合的人。去年 7 月底接触到了一品威客网，也是在那时候，我开始组建自己的团队。到现在，团队有七个人了，包括负责硬件设计的两名成员、负责软件的三名成员和负责 FPGA 的两名成员。

---

① 案例来源：魏凤珠。

团队成员都是具有相当丰富工作经验和设计经验的工程师，掌握的业务包括硬件设计、嵌入式软件设计、FPGA 逻辑设计等。现在我们是兼职在做，大家利用工作之余承接项目，平时都有各自的工作。

●加入 VIP 商铺，机会更多了

因为我觉得一品威客网是个很好的平台，可以给我提供创业所需的帮助。在未来，电子设计外包将会得到广泛的推广。所以我在 6 月 20 日开通了 VIP 商铺的服务。

开通的原因其实很简单，就是有机会在平台上得到推广，还有任务信息推送，可以主动联系雇主等。而这些服务都很好。

我们获得的第一个订单是 8 000 元的“开发 LED 控制数据通信模块”任务，目前在进行中。这个任务是在跟客户谈好后，改用直接雇佣模式进行的。直接雇佣模式很赞，一对一交流，效率也高。

现在我们还有一个单子在和客户谈，金额是好几万的，争取拿下来。加入 VIP 短短几天，给我最大的感受是：机会更多了，同时对自己和团队的要求也会越来越严格。

●服务好有不同需求的客户

每一个客户都会有自己的项目需求，我们小祥电路设计团队要做的就是要满足不同客户的需求。在确定合作后，我们首先会制定出一个项目计划，发给客户去评审。确定后，我们会严格按照计划一步一步执行。期间有什么问题，还会跟客户及时的沟通。

有任务订单的时候，我们主动去洽谈，当然并不是所有订单都能拿下来。我们最开始肯定是要让客户了解团队，让客户相信我们可以很好地完成项目需求。有时候，也需要和许多威客竞争。

●不断学习，应对激烈竞争

竞争也能促使我们进步。要想获得订单，首先要保证自己的技术能力，别人不会的你会做，别人会做的你做得更好，只有这样才能在竞争中取得优势。另外，还要不断地积累客户资源，在服务好当前客户的前提下寻找新客户。

另外，我们团队会不断地学习新技术，提高团队的整体实力，同时还会不断地扩大团队来应对激烈的竞争。

总之，我觉得一品威客网是一个很好的平台，相信在不远的将来，会有一大批企业家在平台上成长起来。我们自己也会不断努力。个人有个小建议，威客的一些技能标签是不是可以自定义，感觉这样会更好点。

小祥电路和设计商铺地址：http：//shop.epweike.com/4128668/。

投标就像投简历

我们说当威客就是一种创业，虽然大多数威客是采取自己一个人战斗的形式，但是他们实际上需要承担的职责却像一家公司那样全面。设计过程要拿出自己的创意智慧，这个过程中威客就仿佛公司设计部门的研发人员；统计计算自己一个时期靠当威客挣了多少钱，判断自己这个阶段的业绩属于良好还是不佳，这个过程中威客仿佛是公司里的财务人员；四处寻找有价值的资料培训自己、提升自己，这时威客仿佛是公司人力资源部的培训人员；承接雇主发出的任务、与雇主讨价还价反复沟通，这时威客扮演的是公司销售部门的业务人员……正是因为威客需要啥都会，能力要求特别全面，所以我们说威客其实自己就是一家公司的CEO。威客还要负责打造自己企业的品牌形象，等于还要兼任公司市场部的市场人员、企业文化部的公共关系人员。

对于一家企业的老板来说，往往最重视两个部门，一个是技术研发，一个是市场销售。其他部门在老板眼里往往属于辅助部门，经济形势不好的时候要裁员，一般都是先从辅助部门裁起。老板都舍不得裁减研发、销售人员。

要做好销售，这是一门极大的学问，值得一个人钻研一辈子。而且我们一生中其实不断在销售：找工作时是推销自己，找对象时也是在推销自己……学会做销售，走遍天下都不怕。

威客的销售，大多采取竞标的形式。每一个任务都会有许多威客去争夺。学会投标，对于做好威客的销售是非常必要的一个技能。在我们认识的威客朋友群里，有一位威客发现投标和投简历非常相似，可以触类旁通。下面是他的经验分享。

案例：投标就像投简历①

做威客数月，前前后后算起来，自己投过的稿子也不下百篇了。其实关于做威客的心得，真的是有很多想说。偶然一次，朋友问了我这样一个问题：威客竞标是怎么一种方式？你能举个例子或者打个比方说一下吗？我前思后想，最终得出结论——投标就像投简历。

为什么这样比喻呢？我总结有如下三点：

其一，了解背景，投其所好。

① 案例来源：马淑玲。

相信很多人跟我犯过同一个错误——在求职网站上，写了一两份简历，然后就搜索各类职位，将这一两份简历投递到各个公司的 HR 邮箱。事实上，但凡有一定面试经验的人都知道，这样做是绝对不可取的。简历就是用简简单单几页纸描述清楚自己的经历，而实际上，你所要描述的不仅仅是自己的经历，更包括了自己的经验、职业期望、离职原因等。

投简历是这样，投标也是这样。我曾经犯过这样的错误，拿着同一个剧本，当成动画剧本来投，当成微电影剧本来投，当成舞台剧剧本来投……尽管这些雇主对于剧本的需求的的确确具有很高的同质性，但是动画剧本要考虑到帧数，微电影要考虑到人物的表情细节，舞台剧要考虑到舞台布景的可行性。我自认为这个剧本构思非常出色，可最后，这个剧本没被任何一位雇主选中。

所以，别指望把一个作品稍微改改，甚至改都不改就投到四面八方。在威客的竞标世界中，没有那么多放之四海皆准的成功案例。

其二，关注细节，精雕细琢。

在我做面试官，招聘新人的时候，我发现很多人的简历格式一塌糊涂。字体使用不一致、文字没有对齐、错别字，病句……无论这个人的工作经验有多丰富，面试还没开始，分数就已经扣掉了一半。

也许因为我有着这样的感触，所以在做威客投标的时候也会格外注意这一点，尽量做到精雕细琢，让阅读的人看起来舒服一些。本以为这是我自己的强迫症，直到后来，有一天，一位雇主对我说："我很喜欢看你的剧本，格式整齐，排版看起来很舒服，一看就是用了心的。"

至此，我才确信，无论是做简历，还是做威客任务，你所创作的内容是雇主们选择的主要标准，而非唯一要求。干净整洁是会有加分的。

其三，补充说明，表明态度。

不知道有多少人在投递简历的时候会附上一封诚恳的求职信，我遇到的这样的求职者并不多。而如果遇到一封态度真诚的求职信，我会格外认真地阅读他的简历。

刚开始做威客的几周，我在投标的时候都仅仅附上只言片语，类似“作品已提交”之类。后来，我发现很多威客朋友，在发布作品的同时，也会附上一封类似自我介绍类的短小信件。于是我也开始试着在每次投标的时候，都写上一封短小而真诚的信件，这样一段不过百字的说明，大大增加了我和雇主们之间的沟通。

最后我想说，投标和投简历一样，很多时候，之所以能胜出，并不仅仅是由于经验、技能和专业水平；认真的态度、诚恳的表达，往往也是决胜的重要因素。

什么样的人适合做威客

并不是所有人都适合做威客。

这句话对于想当威客的读者来说，不知是好消息还是坏消息。如果你的反应是“糟糕，希望我不属于那些不适合的一类人”，说明你是一个悲观主义者。如果你的反应是“太好了！没有那些外行瞎掺和，我的竞争对手就少了很多”，说明你是一个乐观主义者。如果你受这句话启发，马上开始着手建立威客的岗位胜任素质模型，那说明你最好还是去当一名 HR。

说到岗位胜任素质模型，一般可以由三个模块组成：人格特质、知识、能力。人格特质主要是说一个人的世界观、价值观、性格特点等相对先天的决定因素。知识是可以不断学习的，能力也是可以不断提升的。

下面我们给出一些当威客最好具备的要素，你可以自己判断一下，它是属于人格特质，还是属于知识或能力。

1. 有创意。发布任务的雇主自己想不出问题的解决办法，才会来到威客网站上求助。这就需要威客比雇主更有创意。所以，威客们不应轻易把普通人就可以想出来的解答作为投稿放在网站上，那样会降低自己的专业性。

2. 具有客户意识。站在雇主的角度思考问题，换位思考，设身处地。往往曾经做过销售或 HR 的人士，顾客意识会比较强。

3. 独立作战能力强。能够自己单枪匹马胜任一个独立创意任务的人。

4. 有团队协作精神。复杂创意任务需要不同技能的人，在工序、经验和技能上相互补充，才能形成虚拟团队，对外承接复杂创意任务，这需要团队成员具有较强的协作意识、沟通能力并且做到彼此包容。如一个网站建设任务，需要网页美工、程序开发和测试、文案等工作的协调。

5. 有学习能力。互联网和移动互联网日新月异，知识储备的重要性被淡化，威客需要有每天学习最新技术和掌握最新规则的能力，避免知识老化，坐井观天。

6. 要有坚韧精神，具备攻坚克难能力。雇主需求会调整变化，需要有满足雇主合理化需求的能力，遇到技术难题，要有攻克的精神，有精益求精的思想，做出超乎雇主期待的好作品、好方案。

一品威客网站的工作人员钱丹丹通过长时间的观察，发现威客前期花时间积累人脉资源的必要性。她说：“优秀的用户有个共性，前期他们会有很明确的战略，就是先积累人脉。我发现约 80％以上的优秀商铺前期接的订单都不太大，但由于服务不错，雇主反馈好，他们后期都通过这些雇主接到了很多高额的订单。这就是前期在做企业自媒体，一切都是经过时间积淀后的爆发。其中最具代表性的是鸿博文化，我记得他刚开始接的第一单才2 000多块钱，但因为那个客户对他们的作品很满意，服务感知度好，后面给他推荐了一个近20万元的订单。还有一个女孩子，我忘了怎么称呼她了，做文案的，大三的学生，一开始接了一个1 000多块钱的订单，同样也得到了客户的认可，彼此之间有了信任感之后，那个客户把他们公司这方面的业务全包给了她，我统计了一下发现，这一年下来，她仅接这个公司的订单就已经获得10万元了。所以我认为，想在互联网上更好地接单，前期平稳的心态非常重要。同时，我也采访过几个做得一般的威客，发现也有共性，他们都想着上来就接大单，都会觉得我花钱来网上，就是要做大单，要不然我花这个钱就不值得，但殊不知，他们忽略了一个问题，在客户还不信任他们的情况下，客户又怎么会马上给他们大的订单做呢？所以这是一个积累沉淀的过程。"

7. 如果是文案型的威客，需要文笔比较好。你可以问自己几个问题：以前发表过作品吗？周围的朋友称赞过自己的文笔吗？喜欢读书吗？很难想象一个不爱读书的人居然会文笔好。

8. 善于沟通。威客需要主动跟雇主交流，把雇主的意图搞清楚。你还记得到医院看病的经历吗？门诊医生不会还没问患者情况，一上来就开药吧？

遗憾的是有很多威客新手都会犯"做事不顾东，累死也无功"的错误。他们太急于马上就开始工作了，活像考试时连题目都没看清楚就开始解答的学生。本书的创作颇有创意，在威客网站上发布了征集案例故事、章节文案的任务，曾经遇到过令笔者哭笑不得的事：有的威客竟然把书名看成了《包容与威客》，他也不问一下怎么会有如此奇怪的题目（也许书名没叫《包子与威客》都不算是奇怪的书名）。我脑海里立刻浮现出一些威客网站存在的不足，于是就想到我们这本书的写作目的就是希望威客们多多饶恕、包容威客网站……

说到这里讲一个故事作为例子，希望可以给你留下点深刻的记忆：如果你去微软应聘项目经理，微软很可能叫你画房子，有时候求职者会径直走到黑板前画一个四方体。

这样做你就没戏了。

房子可以是任意形状的，画一个四方体并不是致命错误——但是你总该在建一个房子之前先问一下屋主建房子的钱是谁出的，他预算要是多少钱，希望建多大面积，在多长时间里建成……那些不问这些类似问题而直接去画房子的应聘者往往就被微软的 HR 淘汰了。

作为一名威客，不会幸运到遇到的每一位雇主都是善于沟通、一开始就能够主动将自己的需求完全解释清楚的人。这就需要反求诸己，威客需要给自己一个心理暗示："我需要主动多跟任务发布者沟通，多问几个问题，把他的意图尽量摸清楚——磨刀不误砍柴工。"

案例：我的第一桶金——企业宣传口号①

2014 年国庆休假期间，我在网上偶然发现了"威客"这个概念，我一口气浏览了近十万字有关威客理论的资料。知道了威客可以通过威客模式网站利用自己的知识、技能、经验、智慧获取相应的经济利益。明白了威客平台是我期盼已久的施展才华的平台……

但是，我在合资企业任高管，时间和精力都很有限。怎么办？经过深思熟虑我决定利用业余时间做威客！一是可以完善、提高自己，二是可以推动工作——我的工作主要是负责企业文化建设，包括企业发展战略、广告设计、营销策划等。

① 案例来源：威客心物同元 hjy。

心动不如行动，我于 2014 年 11 月 9 号开通了一品威客店铺。11 月 15 号利用闲暇时间，我在一品威客浏览时，发现了房地产集团公司征集企业宣传口号的任务。但是，还差一个小时就到停稿时间了！我有些犹豫了，这么短的时间，万一做不好多没面子！转念一想，凭我的经历、阅历及多年的积累，完全有可能做好这个任务。于是，我打开思想大门，快速搜索、筛选、分析、加工相关素材，从构思、酝酿、起草、修改、定稿到交稿，一共用了不到 60 分钟！出乎意料的是，这个任务却成了我在一品威客得到的第一桶金！我设计的企业宣传口号是：展鸿鹄振翅愿景，创海纳百川大业！中标信息如下。

亲爱的 mf545474ac8826f：您好！恭喜您！您在 315974 号任务房地产集团公司企业宣传口号征集中成功中标。请尽快和雇主联系进行源文件交接，如有任何疑问，请致电客服热线：4006－999－467，我们将竭诚为您服务。

中标任务信息：

任务编号：315974

任务标题：房地产集团公司企业宣传口号征集

中标链接：房地产集团公司企业宣传口号征集

感谢您对一品威客的支持。祝您工作顺利！

一品威客客服中心

2014－11－25 23：11

与其说出乎意料，倒不如说合乎情理。这与我饱经沧桑的经历、博览群书的阅历以及超凡脱俗的学习能力是分不开的。也可以说，这是“厚积薄发”的结果！

我先后担任过国有工业企业、商业企业高管，在政府机关工作过，下海经过商，现在某中外合资企业任高管。我的第一学历是数学，其后函授中文，并于1996年到清华大学MBA研修班深造。

书归正传，下面我谈点这次中标的体会。

1. 审好题。知道雇主想要什么？办事不顾东，累死也无功。做任务必须按雇主的意愿去做。仔细阅读“任务需求”后，认识到，雇主单位是一个“一业为主，多种经营”的跨国集团公司，正在通过海外投融资积极探索属于鸿海的全球化之路。他们征集的企业宣传口号，既要体现“鸿海”文化，又要做到言简意赅……

2. 定好位。知道自己能做什么？学习、思考和创作是我最大的乐趣！再加上我多年从事企业文化工作的经验，基本具备做好这个任务的能力。

3. 做好业。发挥自己的才能，创造雇主需要的作品！既然是国际性的集团公司，就要有大愿景、大目标、大气魄！我自然会想到两个词——鸿鹄之志（比喻远大志向，引申为大愿景）和海纳百川（比喻心胸宽广，引申为该企业将发展成为行业领军人物的大目标、大气魄)。经过斟酌推敲，最终提交了我设计的企业宣传口号。

这个任务就顺利完成了！这个企业宣传口号，不但突出了跨国集团公司的企业定位，而且还体现了“鸿海”的特色文化，并且做到了言简意赅……

新威客不妨读一下《一只小鸟告诉我的事》这本书，此书作者比兹·斯通是社交网络平台Twitter的创始人，他用幽默风趣的语言，讲述了自己如何从一个无业游民开始，凭借自己的能力，一步步抓住机遇，最终获得成功的人生经历。细读该书，能分享到作者许多宝贵的人生智慧。

《一只小鸟告诉我的事》[①]

很多人认为，成功与天才或最好的技术有关，而比兹·斯通认为，一个人的成功或一个企业的成功，其实无关天才，也与是否拥有顶级技术关联不大。“无限的创意”是推动比兹·斯通每天加倍努力的源泉。比兹·斯通始终把创意视为一种“可再生”资源，在他眼里，不断涌出的新想法是我们用之不竭的、如太阳能一样的能源。他说：“每一天都要不断地挑战自己。尽可能地创造，因为你的创意永远不会枯竭，让我们不再按部就班，而是充满创造力地迈向伟大的成功。”他经常问自己：“想想你现在的工作环境，你的创造力是否像无穷无尽的太阳能一样，可以任意使用？你的创造力是否得到茁壮成长？这里每天有足够的空间容纳你的想法吗？”正是在这样的观点促使下，他从波士顿的小布朗出版社起步，做过网页设计，在赞架公司、韦斯利学院工作过，去过谷歌、奥德奥，最后来到奥比威尔斯，开始了他如醉如痴、全情投入的工作，到了2006年春天，他参与开发的Twitter终于得到了全公司的认可，Twitter由此获得突飞猛进的发展。他离开一家又一家公司，不断追求着具有创意的“肥沃土壤”。他为Twitter的发明而兴奋，任凭创意自由流淌。这让他感到自己所做的事情都是有意义的，而且很酷——这有点像坠入爱河，他感到“她”真真切切地站在了自己面前。

一个人跟随自己的创意前行，就会自然地投入自己的情感，比兹·斯通深切体会到了情感投入的价值。他说：“投入情感去

---

① ［美］比兹·斯通：《一只小鸟告诉我的事》，北京，中信出版社，2015。

工作，不一定能保证你取得成功，但如果不能全身心地投入，那么你一定会失败。”起初 Twitter 也遭到了嘲笑，有人说它属于啥也不是的网站，这在有些员工看起来是耻辱，但他感到无所谓。无论 Twitter 网站瘫痪了多少次，他都会和员工一而再、再而三地努力修复。他在书中表白道：“我的信念一直支撑着我不断前进，如果这份工作能够给我带来快乐，那么我就可以战胜任何艰难险阻；我一心想成为 Twitter 的缔造者，这种热情让我对任何有关 Twitter 的愚蠢和无用的评价，都产生了免疫。”

比兹·斯通对人生道路有深刻的思考，他认为每个人应该找到属于自己的人生。他写道：“世界原本很大，但如果你的人生路线已经提前设计好了，那么你无法真正地去认识这个世界。”他倡议：给自己一个机会，改变既定的路线，寻找可以让你真心投入的目标。在他眼里，如果清晨醒来，你没有为新一天的到来而感到兴奋，那么你就应该想想，你是不是走在了错误的道路上。要想找到属于自己的人生，就要回到本源，想想你最爱做的事情是什么，将它描述出来，别在意这件事能挣多少钱；当你体验到那种持久的满足感时，你就不会再为其他的事情所牵绊。巨大的成功使比兹·斯通成为蜚声世界的硅谷奇才，但他没有止步，当前，他离开了亲手创建的 Twitter，开始创建网络问答平台水母公司，在创意引领下，继续行走在路上。

如何面对失败，是人们一生中必须要面对的重要课题，该书在这方面也给了我们重要的启示。比兹·斯通对待失败有鲜明、坚决的立场。他给我们的建议是：去拥抱那些不可思议的、史诗般的、山崩地裂的甚至会改变命运的失败；即使你这次失败了，你也会拥有一个值得传颂的故事，可以让你在下一次尝试时拥有更大的优势；

失败是通向成功路上的风景，我们值得为此冒险，失败是成长的重要组成部分。很多事例也证明了比兹·斯通的这些话。据统计，90%的技术型创业企业都失败了，这些创业者都要饱尝失败的痛苦，那些现在看上去非常知名和风光的企业，也都经历过前途未卜的阶段，甚至经历过巨大的失败。但纵观历史，正是那些不怕失败的人，带给了我们伟大的创新和伟大的企业。

在低谷中找到“亮点”，是比兹·斯通的一个习惯。“亮点”理论能让人们保持积极乐观的心态，戴着玫瑰色眼镜会美化你所看到的情景，开放、乐观的心态可以帮助你更好地解决问题，并让解决问题的过程变得更美好。他说，要在那些看似无边无际的负面信息中找出正面积极的“亮点”，解决问题的出路或许就在其中；当事情一团糟的时候，与其不停地去找哪些地方出了问题，还不如找到哪些地方还在正常运转，然后以此为中心建立或修复。正是在这样的思想指引下，比兹·斯通带领员工不懈努力，把曾经很弱小、经常瘫痪的 Twitter 网站，建设得非常完善和强大。

为什么说创业比就业更幸福

你是否适合创业？最主要的 6 条衡量标准是：

1. 敢于冒险、不安分守己、从骨子里就喜欢不安稳的东西和不确定的东西、喜欢折腾；

2. 身体好；

3. 知道自己想要做的具体商业模式；

4. 有坚持到底的个性；

5. 朋友多；

6. 工作起来玩命。

创业或当威客的人比就业的人更加幸福，因为自己当老板创业可以更好地把控自己的工作内容，更有热情投身于工作。哲学家波特兰·罗素说：“真正令人满意的幸福总是伴随着充分发挥自身的才能来改变世界。”

老太太说：“当你不去旅行，不去冒险，不去谈一场恋爱，不去尝试没试过的生活，只是每天挂着 QQ，刷着微博、微信，逛着淘宝，干着我 80 岁都能做的事情……你要青春有什么用。”

人活一世，最高境界是拥有为梦想行动，不留遗憾的人生。

折腾过的生命丰富壮阔，折腾也需要理性行动。

敢想敢做敢闯荡。

北大的龚祥瑞教授在 85 岁时讲了一段话：“一个有理想追求的人，一辈子不见得实现他的理想，但是在他的人生道路上所遇到的风景，是一个没有理想的人连想都想不到的。”

袁岳说：“我推崇理想主义的行为，因为有理想更能让你在人群中被人们注意，得到特别的资源，找到志同道合的人，成为出类拔萃者，这就是一种主动成长模式。”

折腾的本质就是从被动成长模式跳到主动成长模式，勇敢地面对不确定性，跟不确定性沟通，具备掌控不确定性的能力。所以，怀抱梦想，提高社会情商，校园学习和社会学习并行，建立独立的人际关系，获得不怕失败的勇气，成为一名终身学习者……这样的人，必定会脱颖而出，并永远拥有年轻的灵魂。

青春的最大财富不是年轻，而是有试错的机会。

青春不应被浪费！有梦想，敢闯荡，行动承诺未来。

笔者在这里说的创业需要做广义的理解，并不是狭义地指开公司、做一名企业老板。

当一个威客，并不需要成立一家公司，但可以用自己喜欢的方法谋生，也是创业，而且是成本最低的一种形式。

投身公益慈善事业，做自己认为最有意义的事情，也是创业的一种。美国的幸福学教授喜欢举的一个创业案例就是一个公益创业的故事：玛瓦·柯林斯是芝加哥市的一名教师。芝加哥市中心是毒品和犯罪的温床，一个毫无希望的地方。由于这种恶劣的环境，许多教师担心这里的儿童无法逃出那世代相传的贫困与绝望。

1975 年，柯林斯在她所居住的社区里成立了城西预备学校，她的学生大部分来自同一社区，他们都是由于品行恶劣或是成绩不良而被之前学校开除的学生。所以，可以说柯林斯办这个学校的目的是为帮助他们重新回到正常学校而做准备。城西预备学校其实是他们流浪街头前的最后希望。今天，那些曾被看成是无药可救的孩子们几乎都上了大学。柯林斯的学生们证实了她的信念——每个学生都有成功的潜力——要帮助他们学会建立自信心，鼓励设想和实现自己充满希望的未来。

20 世纪 80 年代，里根和布什政府都曾邀请她出任教育部部长，面对如此高的荣耀和声望，她拒绝了，因为她相信，只有课堂才是她真正能创造出奇迹的地方。

历史上从未出现过像今天一样的时代，有如此多的人在赞美创业精神、研究创业行为或投身创业的洪流中，创业不但是人们实现理想的途径之一，更是带动新经济发展的重要功臣。

每当我们披星戴月，风雨兼行，赶到不同的城市，与客户进行面对面的交流，不同的领导、不同的掌门人，都不约而同地做着同一件事：与我们分享他们在创业路上的喜悦和心酸：什么时候我们企业迈开了第一步，第一笔业务让我们激动了多久，什么时候我们有了自己的战略目标，什么时候我们在同行中成为领头羊……这让我们感同身受。

我们都爱唱《在路上》：那一天/我不得已上路/为不安分的心/为自尊地生存/为自我的证明/路上的心酸/已融进我的眼睛/心灵的困境/已化作我的坚定……

《青春不应被浪费》[①]

袁岳的书《青春不应被浪费》，仅仅是浏览一下章节的标题你就可以学到很多招数。

1. 常在江湖漂，你得有把刀。第一要有点儿本事，第二要有点儿高调；拼爹不行就拼脸皮；在爱好的天空下行走；有偏好，加特长，你就厉害了；找到你的核心竞争力；见过场面，你就从容了；每个门派，总有自己的一技之长；行动形成习惯就是你的技能；生命长青，好玩至上。

2. 社会就这样，和虚伪没关系。有格调地与人沟通；让自己做灰姑娘；第一印象，至少管用两三年；人际关系本身就是交易；你都不去结交，谁会主动理你；经营自己的独立人脉；通过公益积累社会人脉；开发陌生人这座矿山；在江湖，就得按江湖的规矩来。

3. 提高社会情商才是正经事儿。大学就像一个养猪场；在学校的时间越长，呆傻程度越高；读大学，究竟读什么？你的专业是“被”安排的吗？有时考六七十分就可以了；学什么和干什么，两码事！职业到底是什么？通过校园更新知识，同时更新人脉；Try 一下，才知道是不是你的菜；教养与优雅。

① 袁岳：《青春不应被浪费》，上海，上海财经大学出版社，2014。

4. 世上无难事，只要肯折腾。年轻人应该折腾、闯荡、走天涯；很行，不是书上看出来的，是练出来的；过个不一样的大学生活；创业的机会都是闯荡出来的；不挣钱，我也愿意干——这才是创业。

5. 找到你钟爱一生的事业。做自己的决策，承受选择的后果；你得跟其他的人干得不一样；成功是经常的训练与习惯；连接幸福与成功；就业 or 创业？一个叫职业，一个叫事业；认清你到底想要做什么；钱和理想哪个更重要？你的眼睛里要有光。

全职还是兼职

威客创业之所以适合年轻人、在校大学生，就是因为它可以允许不同的玩法。你全职当威客可以，你兼职业余当威客给自己挣外快也可以。甚至在你事业做大的时候，可以自己搞一个威客工作室、注册一个公司，拉着一帮威客小伙伴一起干。

遇到需要选择的时候，你可能反倒觉得不好办了：自己到底是适合全职当威客，还是适合兼职当威客？

我们建议是：你如果是在校学生，当然兼职当威客最合适。毕竟乔布斯是“极少数天才”，退学创业不能一时冲动。毕业进入社会后，先进入一个单位体验一下上班的经历，也是人生的一个财富，闲暇时兼职当当威客，承担的风险比较小。如果你发现，当威客的收入都已经超过了上班拿的工资，而且在单位里实在是感觉不幸福，那时就可以考虑不如全职做威客了。

下面这个威客的经历，或许可以让你感受一下面对全职还是兼职这个选择时可以从哪些因素出发来考虑。

案例：刘岩的故事[①]

刘岩是一个几年前就开始威客生涯的年轻人，2012 年的时候，刘岩的威客月收入已经达到平均 6 000 元/月，当时刘岩只有一个人，满心欢喜地打算回老家拉上一帮技术型人才，结果经过了 2013 年一年的折腾，不仅刘岩的计划无疾而终，刘岩也从全职威客转为了兼职威客。

总结下来，刘岩之所以从专职转为兼职威客主要还是遭遇了瓶颈，天秤座的人应该算是比较有惰性的，所以对属于自由职业的威客行业来说，天秤座的人等于没有了约束，这对赚钱来说是非常不利的，因为刘岩几乎是前半个月赚钱，后半个月花钱，名副其实的月光族。

当然这绝对不是刘岩转战兼职威客的全部原因。当时刘岩确实打算自己拉出一批大学生做个工作室，但因为刘岩的家乡地处东北的三线城市，本来相较于 IT 产业发达的南方，地理上的劣势已经是致命伤，并且三线城市人才匮乏，更让刘岩的计划难以实施。

同时，刘岩也觉得自己虽然在威客行业已然小有名气，但是想要吸纳更多的东西，就必须要走进职场，去一些成熟的产业和公司取经，这也是最终让刘岩下定决心走出网络的根本原因。

做全职威客的应该比较适合以下几种人：时间比较宽裕又暂时有经济支撑的在校大学生；已经在职场有所建树，积累了丰富的行业经验和人脉资源，同时有一定的原始资金积累的职场达人；有着丰富行业经验和自有

① 案例来源：威客刘岩。

体系的成熟线下实体广告公司、工作室等；身处一、二线城市的核心人才圈的富二代。

那么什么样的人适合做兼职威客呢？职场新人可以利用下班时间做兼职威客，这可以帮你快速地积累原始财富；在家中待业的家庭主妇，利用业余时间赚点小钱；刚刚走出校门的大学生，这时候可以一边找工作，一边做威客等待合适的机遇。

那些威客前进路上的绊脚石

好了，当你决定自己是做全职威客还是兼职威客时，一个新的问题来了，什么样的威客才能赚大钱？如何确定自己是否达到了赚大钱的基本条件呢？

任何一个在威客行业浸淫已久的威客都知道，只有两种威客才能赚大钱：工作室/公司、二次外包，一个人的力量、精力和时间是有限的，所以要么你开办工作室或者公司，可以给雇主提供完善的解决方案，以质量来挣大钱；要么你二次外包，直接倒手任务，以数量来挣大钱。

看到这里，那些威客前进路上的绊脚石也就呼之欲出了：

1. 人才地域分配不均。如果你在一线城市，又想在威客行业做大，即便你没有成熟的团队，也可以在各大高校、IT 圈写字楼拉一些专业的人才，快速组成自己的团队，只是需要一段时间的磨合而已。

反之如果你在一个三四线城市，那么你想要组建一个颇具规模且具有竞争力的团队是非常难的，毕竟现在人才回流难是全国性的普遍问题，除非你在异地拉起团队，然后团队又愿意和你回到三四线城市发展。

2. 人与人之间缺乏必要的信任。很多人会说，可以采用二次外包，直接在网上进行交易啊，这也恰恰就是刘岩要说的信任问题，首先一个你不了解的威客，你不敢轻易将任务外包给他；其次就算外包了，毕竟不是直属于你的管辖，一旦出现问题，售后很难处理。

还有就是二次外包的人才流动性太大，很有可能今天你的订单供不应求，而明天你想找人接单，却发现无人可用，所以一个威客想要做大，一个固定的团队是非常有必要的。

3. 合理分配的阵容。一个好的威客团队一定要有一个合理的人才分配，首先有一个统筹大局的人，这个人一定要对威客团队运营全过程中的所有事物都有很深了解，这样才能保证各个领域大方向不会出现错误。

其次要具备以下人才，专业的推广人才，负责团队的宣传推广，也就是俗称的业务员；专业的客服，对团队内的收费情况、各个方面的能力和人员配备、成熟案例全部了解；还有文案策划、美工设计、程序员等专业型人才负责具体方案的创作和实施。

4. 投资与成果分配。再好的项目也需要有资金启动，主要包含场地费、设备费、前期广告投入、人员开支（最好是备足 3 个月的）以及流动资金，此时如果你的资金量充足，完全可以全资入股成立一个公司；如果资金不充足，建议你采用合资入股的形式先从一个小型的工作室开始，每一个成员负责一块领域，同时出一部分资金，然后按能力和资金的总比确定每个人的股份。

说到底，在威客行业要想壮大，想赚大钱，一定要有一个团队，其次这个团队要具备天时（耗得起时间）、地利（人才丰绰之地）、人和（团队人员合理分配）和一定的资金，否则还是踏踏实实选择全职或者兼职单干吧！

06

中级威客晋升秘籍

如何把握客户心理[①]

不少设计师能力很强，可是沟通能力却极差，很难与客户形成有效沟通。可是沟通又是设计师接单时的必要环节，那么怎样才能与客户从初谈到深谈，一步步产生信赖感，最终达到合作目的呢？

第一步：揣摩客户是个什么性格的人，这有助于击破他的心理防线。有些人很强硬，威客的工作很不好做，这就需要让他知道你很尊重他，你需要先肯定他，再引导他，让他明白，你的方案再好，也和他的水平分不开，你的理念再高，也只有他能欣赏。有的人细致，我们想的建议要比他还细致。有些人没有主见，常常拿不定主意，这时候正是我们帮他做决定的时候。

第二步：揣摩客户的经济实力，使你的建议或方案切中他的承受能力，这有助于使对方感觉放松和安全，并对自己的消费行为更有信心。

---

① 本节作者：叶海明，威客线上接单教练，QQ：1740400699。

第三步：揣摩客户的感情世界，这有助于你以一种他喜欢的姿态或形象和他接触，在短时间内取得他的好感和信任，并使你的理念和今后的方案一标中的。

无论一个客户的背景如何，品行如何，财富如何，对你的信任程度如何，他都是真实存在的，都有他的思维和感觉，都有自己想表达的东西，只是他愿意或不愿意对你说的问题。最好的办法就是想办法让他对你开口，如果他不懂得设计，或和你有着太多的不同而不愿开口，那么你可以通过咨询来提问题并做记录。总之就是想法让他在轻松的气氛里和你开口，向你倾诉。无形当中你就变成了能够给他帮助的人，他对你讲的内容越多，对你的好感也越多。每个人都该明白，和客户的交往（尤其是最初的交往）就是心灵的交往，绝对不该过于现实（仅仅停留在方案上），用你的心灵、你的感情赢得他的好感和尊重，用你的人格魅力击破他的防线，征服他的信任。

客户的需求就是我们第一选择，客户的满意就是我们第一标准。然而，往往客户有抱怨、建议或意见时，不敢直接表达出来，即使表达了，也是含糊其辞。所以我认为，要想真正了解客户的意图，必须学会从客户的“话中话”中听取客户的“弦外音”。要想真正听懂客户的“话中话”，要求设计师必须用心来听，具体做到以下几点：

一是耐心听取客户的“话中话”：一般情况下，当客户对我们的服务有抱怨时，会采取多种方式，巧妙地把自己的意见隐含在其话语中，就是以话带话。这时，如果设计师不能耐心地听取客户的话语，就很难听出客户的“话中话”。因此，设计师在沟通客户时，一定要注意加强与客户沟通，既要用真心真情引导客户说出心里话，又要耐心细致地倾听客户所说的每一句话，进而从客户的表情、语气、语句中听出客户的“话中话”。

二是细心分析客户的“话中话”：客户的“话中话”不是绝对正确的。有些客户的“话中话”是中肯的建议和意见，有些客户的“话中话”是“带刺的玫瑰”，完全是出于个人私利，发泄个人私愤的话语。这就要求我们的设计师要学会细心分析，看看哪些“话中话”是反映服务问题的，哪些“话中话”是无理取闹，然后才能根据客户的“话中话”进行有针对性的处理。

三是热心解答客户的“话中话”：对客户的“话中话”，设计师不能一味地认为都是“带刺的玫瑰”。不管其出于何种目的，对于能够解答的，我们都要热心解答。解答时，要注意方式方法，不能因为客户的话中带刺，就与客户发生争吵，而是要面带笑容，根据客户的“话中话”做好宣传解释工作。这样一来，如果是因为误会而带来的“话中话”，误会就会得到消除；如果是因为客户的真实心声而带来的“话中话”，就能让设计师更好地了解客户的需求；如果是因为客户的个人私利，就会通过沟通宣传，让客户认识到自己的错误，从而更好地配合设计师的工作。

下面举两个例子：

1. 客户说：“你们的价格太高了。”

（1）客户想告诉设计师：

①我可不能接受“你们报多少就多少”。

②我不是什么都不懂的外行人。

（2）客户心里偷偷地想：

①价格好商量吧？

②我希望你们告诉我能降多少价？

(3) 客户不好意思明说：

①其实我还有其他开支。

②你们不知道我也并不那么富裕。

(4) 客户心里很友好地想：

①你们降低我就再去谈。

②打折让价是我的权益，你们应该如此。

结论：

①千万不要被“你们的价格太高了”一句话所“征服”。

②千万不要说：“不行，价格是不可以调整的。”

③千万不要认为，我们报价的确高了，客户要求降低是对的。

解决方法：

①沟通，以服务差异化让客户折服。

②一一对照同行报价。

2. 客户说：“我现在没时间，以后再说吧。”

(1) 客户想告诉设计师：

①我“忙”是因为我是成功者。

②你们不要随便打扰了。

③我希望你们重视我。

(2) 客户心里偷偷地想：

①我还在考虑与你们合作下去有没有必要。

②算了吧，我们的关系到此为止吧！

(3) 客户不好意思明说：

①我还在选择其他公司。

②让你们知道我随时可以放弃你们，另做选择。

(4) 客户心里很友好地想：

①你们尽快求我吧，否则就没戏了。

②你们最好主动开出有利我的条件，那我就“有”时间了。

结论：

①要重视客户说“没时间”的危机信号，这表明我们“可能”将要失去客户了。

②立即检查合作或接触期间存在的分歧问题并尽快解决。

③加强多方位“沟通”。

方法是技巧和捷径，设计师在每次和客户的交流过程中都有意识地利用这些方法，进行实战操练，才能熟能生巧，达到“条件反射”的效果。当客户提出问题时，大脑不需要思考，应对方法就脱口而出。到那时，客户才真正是“除了成交，别无选择”！

如何和客户有效沟通[①]

如何和客户沟通，是一个有些抽象的问题，这是因为谈生意因人而异，基本靠个人的经验积累、个人悟性和应变能力决定。如果你是非常有实力的设计师或者就职于非常有实力的设计公司，那么可以强调你个人及公司的业绩来说服客户；如果你是初出茅庐的设计师或者刚刚创办了一个工作室，那么就需要靠自己的坦诚及认真的态度来打动客户。其实，不管公司的大小，业务订单的大小，有一点很重要：踏实诚恳是至关重要的因素。

① 本节作者：叶海明。

那我们作为设计师，应如何与客户沟通，如何去说服客户接受你的设计理念，最终和你签单呢?

1. 保持自信：将你设计的价值，明显、突出地表达出来。我们在洽谈时要有足够的自信，你的自信带给客户的感觉是你很棒，当你自己都没什么把握或者犹豫不决时，你给客户的印象分就会大打折扣!

通常情况下，在前期，客户会对设计师持一种怀疑态度。在你阐述自己的设计理念时，有些客户心里已经对你的设计产生了一定程度的认可，但还是要问一句，这样做是否真的好看，效果很好。当设计师进行方案说明时，有些客户看起来好像心不在焉，其实他们在认真地听，认真地观察设计师的举动，在思索这些说明的可信度。同时他们也在思考设计师是否自信、是否在瞎扯，从而判断这个设计师值不值得信任。

这些顾客对他们自己的判断都比较自信，他们一旦确定设计师可信后，也就确定了要与之合作，也就是说，推销给这些顾客的不是设计方案而是设计师自己。如果顾客认为你很真诚，可以被当成朋友，他们就会把整个心都给你，交易也就成功了；如果客户确认你很做作，他们就会看不起你，会立即打断你，并且转身离去，没有丝毫的商量余地。

2. 换位思考：学会站在客户的立场想问题。你最好能“帮助”客户考虑他该省钱的地方，让他觉得你是在切实替他着想。有些客户的想法很多，他心里也知道有些想法不太现实，但他就是要说出来和你讨论。

例如，客户能出的钱很少，装修也只要适用就行了，但他还会时不时地跟你说，他觉得高隔间效果很好，他想用石材，因为显得大气，他还想这样或那样。他提出来的目的就是为了从你那里得到一个肯定的答案：这东西我不需要用。

有时，我们需要主动跟客户沟通说：“装修一次不容易，为了不留下遗憾，您最好多咨询和比较几家公司。”其实说这句话并不是真要客户去多找几家，客户要找几家公司，他们心里有数，而我们说这句话的目的就是为了让客户感觉你是站在他的立场在考虑这个事情。

3. 揣摩心理：了解客户真实的内心想法。了解客户的消费心理，首先我们应该明确客户的目的和需求。如何了解客户的真实心理呢？首先，在沟通过程中，很忌讳机械式的问答，他问一句，你答一句。如果设计师能够做到“问一答十甚至问一答二十，乃至三十”，想客户之所想，从他问出的每一个问题联想到很多相关的问题，然后再提出解决问题的可行办法，那么，这名设计师也就塑造了成功的沟通模式。

4. 掌握节奏：时时掌握主动权。在客户进行咨询时，设计师往往是在随着客户的不断提问而进行着机械回答，这常常使设计师失去主动权。

绝大多数客户都对设计知之甚少，设计人员要想尽快说服客户签单，就必须记住一句话：想在客户前面，动在客户前面。你的思路一定要清晰，让客户跟着你的思路和方式走，如果发现客户提出的问题你无法解决或者他总是纠结于某一点的时候，应该快速地转移话题。那怎么才能成功地转移客户话题呢？

客户所纠结的事情就是他所关心的事情，如果设计师遇到这种问题无法解决，应该用客户所关心的其他问题来转移他们的注意力，切忌以一些平淡无奇的事情来转移，这会让客户有所戒备。若能在与客户沟通的过程中掌握主动权，就可以在瞬息万变的“战场”上，创建出一块独属自己的领地。

5. 欲擒故纵：不要太轻易让客户得到。是不是把你所有的东西都给予客户，他就会认为你很耿直呢？答案是：不。这会让客户过于轻易地得到他想要的东西，认为你的工作很简单，没有价值。

有些时候，客户会说把方案或者报价做好之后，直接给他发过去，先考虑一下再说，有些设计师，往往是直接答应。但是这样会让你的努力付诸东流，客户轻易地从你那里达到他的目的。

所以在这个过程当中，把握火候很重要，欲擒故纵是不错的方法。客户在你身上用的时间越长，投入的精力越多，你的成功率才越高。

6. 保留底牌：不要急于暴露底牌。在谈判的最后，往往是谈报价的阶段，客户会通过各种言语和手段来压低的你的价格。这时，你该怎么处理呢？不要急于暴露自己的底牌。就算要降价也不能一次性幅度太大，这样客户会认为我们这个报价里面的水分太大，一次就能降这么多。你这么做只有两种后果：要么客户对我们产生怀疑；要么还会一次又一次跟你砍价。

无论你前期跟客户谈得多好，到了报价阶段你要记住一点：所有的客户都会让自己的利益最大化。就算你要降价，也要有度，而且要有充分的理由向客户说明为什么会降这么多，这些钱是从什么地方降下来的。而且到最后阶段，无论你降了多少，都要让客户认为这个价格是你经过千难万险才给出的底价。

如何在短短的半年时间得到36万元的订单？①

客户定位：一家公司的客户或是产品定位，决定了其在市场上面向的人群和占有率。

精准分析：拿到客户需求的第一时间，要仔细分析需求的每一个细节。因为大部分客户对专业的东西不是很了解，其认知程度也只停留在表面，所以这时候就需要威客们去帮助客户深度分析需求所带来的细节问题，以免为后期的开发和设计带来不必要的麻烦。

深度沟通：有了需求之后还需要与客户进行几轮深层次的讨论，了解客户的行业背景、产品规划和市场定位，在了解客户产品的同时结合相关的行业趋势，才能提出合理有效的产品解决方案。

① 案例来源：深圳创世易明科技有限公司曹磊提供，http：//s. epweike. com/thread－23644－1－1. html。

耐心跟进：往往有些大项目，在前期确认需求是一个比较漫长的过程，短则三五周，长则两三个月。这段时间就需要威客保持一种积极的态度，不要急于求成，避免让客户觉得威客对他们的产品不重视，只是为了拿下任务。

建立合作：在帮助客户解决产品需求的同时，要选择适当的客户做长线发展，建立业务上的关联，相互依赖才能发展得更持久。

战略联盟：公司或团队发展初期，靠的是战略优势，通过多家合作商的业务绑定，将自己现有的核心业务变得持久化，才能带来长久的利益。

如何提高素质，维护自己的职业形象

有这样一类设计师，他们专业技术过硬，作品优秀，可是谈单总是谈崩，很可惜，客户失去一位优秀的设计师，设计师也失去一次接单的机会。为什么会出现这种情况？

1. 基本素质

(1) 自信——线上接单的前提

一个有自信的人才会魅力无限，自信是设计师谈单的首要心理要求。你只有相信自己有能力做好这个单子，才能有底气和客户谈判，否则客户随便一个问题就能让你底气全无。

那么如何成为一名有自信的设计师？这要重新回到我们刚才谈的设计

师的专业技能上了，技术过硬，底气自然就来了，经常参加一些设计比赛，获几个奖项，也是培养设计师自信的不错办法。除去技术，谈单时的着装也可以为设计师“壮胆”，干净利落的着装会瞬间提升你的魅力值。

（2）耐挫——线上接单的盔甲

谈单不会一帆风顺，刁蛮客户更是常见，这个时候如果没有越挫越勇的心理素质，因为客户一个否定或质疑就垂头丧气，单子怎么谈得成？如何成为一名越挫越勇的“斗士”呢？其实很简单，客户再刁难也是外行人，只要你能从客户的话里听出他的本意，你就不会觉得他有多难缠，反而能直击其要害，灭了他的傲气。尤其对于一些有发展潜力的客户，要多次反复拜访，并在每次拜访中不断获得客户的真实需求，然后有针对性地再访，一定能减轻对方的排斥心理，有耐心地接触三四次，或许客户已在盘算与你合作了。因此，为了避免功败垂成，培养耐挫能力也是非常重要的。

（3）积极——线上接单的利刃

积极的谈单心态，是指当你遇到客户的怀疑、责问，甚至刁难时，首先想到的是如何和客户沟通，如何和客户一起解决问题，而不是抱怨这个客户真难缠。培养自己积极的谈单心态，一定要有一种“不要脸”的精神，还要有幽默意识。你可以准备几个笑话，在交谈陷入僵局的时候讲出来调节气氛，让自己和客户的心情都舒缓一下，然后在适当的时机向客户提出你的想法。设计师应比其他人具有更积极的人生态度，坦然面对挫折与失败。因挫折而消沉的人很难获得成功。视失败为宝贵经验并积极总结，愈挫愈勇地向成功目标挑战，这才是优秀设计师应具备的品质。

（4）条理——线上接单的招式

口若悬河的人不一定能成为优秀设计师，因为这样的人往往沉醉于自己的辩才与思想中，忽略了客户的真实需求，优秀的设计师会不断探询客户的需求，以细腻的感受力，判断客户的真实需求并加以满足。一定要记住客户是外行，本来就容易混乱，此时如果你口若悬河，夸夸其谈，也没有清晰的思路，那场面可要乱套了。作为设计师，你是谈单过程中的引导者，必须思路清晰，引导客户有秩序地解决待解决的问题。相比于上面说的三点，这一点更容易，你可以在和客户交流之前简单列出谈话大纲，理清自己需要和客户沟通的问题，届时只需要用有条理的语言表述即可。

基本素质是很抽象的东西，它在谈单中起到的作用非常大，它就像内功心法，口诀只有寥寥数字，重要的是参悟。

2. 形象

任何一位设计师都希望自己的设计作品被人接受，都希望与客户的交易谈判获得成功，并为此苦苦探求各种行之有效的办法和成功秘诀。而外表也是设计师接单成功的重要因素之一。但很多的设计师都忽略了形象在谈单中的重要性，形象可以分两部分：外在形象和精神形象。好的形象在无形之中也能增添设计师的自信，让谈单过程变得更加得心应手！

设计师的自身形象等同于公司的 Logo。一个受过良好教育且有一定艺术修养的人，其良好优雅的仪表并不是为了炫耀和显示。而是代表了公司的形象。在现实的谈判交易过程中，供职于同一家公司的设计师张三和李四，两人设计水平相当、采取相同的技巧，张三穿皮鞋、正式商务装，李四穿拖鞋、泛黄白衬衫。如果你是客户，你会更愿意和谁合作？这是线下公司面谈时候经常碰到的问题，而线上道理等同。一个说话铿锵有力，一个说话半死不活或者阴阳怪气。后者肯定是会让客户排斥的。

优秀的设计师要学会打造自身的职业形象，使顾客对设计师和设计公司充满信心！

（1）设计师外在形象——主要影响线下接单

应避免衣着不整，缺乏精神，也应避免浑身上下珠光宝气，会使客户对设计师的第一印象变差，设计师失去本身应有的气质及形象。要主动为自己创造良好的交谈气氛。

男设计师的形象：最好穿西装和衬衣，领口、袖口一定要清洁、平整，领带以中性颜色为好，不要太花或太暗。

女设计师的形象：不要打扮得太花哨，不要戴过多的首饰、要表现出高雅大方的职业女性气质。

(2) 设计师精神形象——主要影响线上接单

一个设计师除了应注意服饰和语气，更应注意自身的修养，礼貌的行为会促成你的成功。交谈中要让客户充分表达他所要表达的深层想法，善于聆听客户的谈话，有助于你了解更多的信息，亦有助于建立与客户的相互信任；交谈中应以轻松自如的心态进行表达。过于紧张会减少设计师所提的建设性意见的分量，同时也会削弱你的说服力。

如何促使客户快速签单合作

说到设计接单，我们时常听到这样一句话：懂业务的设计师才是好设计师。可是作为一个设计师，要如何促使客户快速签单合作呢？

第一，在谈单前设计师需要整理一下思路：

1. 准备工作，对你所能预见的问题提前做好准备，时刻准备迎接客户的到来，想象一下联系客户应该做些什么？

2. 谈单前的心态调整，你每天要面对很多客户，你也不一定是客户唯一约谈的设计师。所以要用最饱满的状态来迎接客户，状态不佳时可喝口水，或哼几句歌，快速自我调整一下。

3. 要掌握谈单技巧。设计师要总结出客户常问的问题，可以模拟一问一答的方式来加强练习。

4. 辨别消费者的类型，准确确立客户的需求。

第二，设计师需要巧抓客户心理，签单八大技巧：

1. 轻松氛围：让客户没有压力，如客户开始就感觉有压迫恐惧的话，你就很难完成以下的过程了。

2. 假设问句：对于最终利益，要用问句方式向客户询问。

3. 先主后次：将自己的优点一步步介绍给客户，把对他最主要的、最吸引他的内容放在前面讲。

4. 找需求点：我们要想尽一切方法了解，找出客户的需求点，观察其利益点。

5. 倾听的技巧：

（1）不要打断客户讲述其想法。

（2）当客户讲完后，要你讲时，你应该暂停3～5秒，回答问题时也应一样。

（3）保持微笑，可以模仿客户，与客户保持同一“频道”。

（4）如有不了解的地方应询问，与客户接轨。

6. 互动介绍：我们应尽可能让客户参与到设计中来，我们签单的整个过程如同一场球赛，你是队长，顾客是球员，随时注意调动客户的心理状态，保持幽默感。

7. 视觉销售：运用此方法让客户想象设计的好处和利益，可以用曾经做过的案例图片，举例说明，并自信地告诉客户，合作后，对于他的这个设计工作，我们会完成得更好！

8. 假设成交：整个过程中，我们要时刻保持与客户假设成交的状态，用默认式合作的技巧，让客户产生已经开始与我们合作的错觉。

第三，摸清客户价位底牌：

通过交流从侧面了解客户的经济状况、消费能力、喜好风格、设计意愿等，要尽可能多了解多沟通。然后报出大概的设计风格，设计所需费用。观察客户反应并及时做出调整。工作经验、临场发挥是很重要的。

第四，需要补充的一点是设计师阐述自己优势的能力：

1. 能说出 5～10 条本公司的优势。
2. 能说出本人的 3～5 条优势，学会用分解法来处理问题。
3. 公司的营销人员要口才好。
4. 找出同类公司优劣。
5. 了解与设计项目相关的内容要素。

案例：年收入 600 万元的威客传奇[①]

随着网络的应用和发展，许多传统设计公司举步维艰，甚至濒临倒闭，威客平台逐步颠覆线下设计公司，这是一种趋势、一种潮流，不可逆转。随着我国入世，竞争会越来越激烈，开业，倒闭，再开业，再倒闭，司空见惯！

提到威客必然要提到一个团队，他们来自杭州，名叫壹玖工作室，他们的企业文化是：壹如既往，追求卓越；玖玖归真，只做经典。

这支团队在威客领域已经缔造了一个传奇——年收入 600 万元！而在经典背后，其实还有一个不为人知的曲折故事！

2013 年 10 月份，我在招商过程中，认识了个做文案的女威客陈萍，因为都是文学发烧友，所以很自然地就熟络起来。我们互相欣赏

① 案例来源：叶海明。

对方的文笔，渐渐地建立了信任感。有一次，我在 QQ 空间发布了一条报价 50 万的关于网站建设的订单信息，陈萍看到了，就在 QQ 上告诉我，这个单子她的“老大”能做。

陈萍的“老大”？当时就勾起了我的好奇心，于是便问陈萍，关于“老大”的一些细节。陈萍一一告知，但始终不肯讲手机号码。因为那段时间，恰好是一品威客第一次腾飞期，工作十分繁忙。所以，一段时间后，我也就淡忘了。

2013 年 12 月 6 日，陈萍跟我讲“老大”要联系我，那个晚上，我已经下班，是在回家路上加的 QQ。简单了解后，我知道了“老大”叫任卓，88 年出生，海归男。旗下有好几个团队。涉及行业就有平面设计、网站建设、装修设计、营销策划。

那个晚上，我们从 21 点聊到凌晨 1 点，有一种相识恨晚的感觉，因为我们都是“书香门第”，都有一个文学梦。他有很多好想法，无限的创造力，而且头脑非常清晰，说话也很具逻辑性！给我的感觉就像是一位相识很久的老朋友，我们没有通话，都是用 QQ 完成聊天。

次日，我给任卓发了一份关于一品威客的资料，当天任卓就给予了我答复，对我们这个运营模式非常感兴趣。不过公司是股份制，需要开股东会决议。

周一晚上，任卓告诉我一个坏消息，股东集体否决签约一品威客的议案，因为股东认为，壹玖的业务量足以支撑目前的运营，无须再拓展互联网线上渠道，而且对于互联网的诚信度也存在很大的质疑。无论任卓如何阐述都未能通过这次的合作议案！

那个晚上，我们两个 80 后年轻人只能互相宽慰。

12 月 11 日，我刚到公司，打开 QQ，便弹出任卓的信息。

“我以个人名义和你合作。”留言时间是早上 7 点 30 分。

看到这个信息，我的心是酸楚的，因为招商过程中，碰到过太多的抵触，甚至质疑，任卓是我招商以来第一个真正无条件信任我的人！

当天中午我们顺利完成签约。签约后，他给我打了第一个电话，这也是我们之间第一次打电话。我听到他的声音，充满自信和磁性。由于工作繁忙，我们并没有长聊。

几天后，壹玖的 VIP 商铺搭建完毕，幻灯片广告也全部到位，两三天的摸索也让任卓对一品威客这个平台有了更清晰的认识。然后商铺便开始接单。

然而接单并没有我们想象中那么顺利，开始遇到的几个客户，都很奇葩。实在是应了“万事开头难”这句名言。之后，只要一有时间，任卓就会向我请教关于线上接单的细节，并告诉我跟进客户的情况，因为是首次线上接单，所以他很多地方都没有做到位，我也给予了一些建议。

任卓听取了我建议，打破传统接单方式，对于一品威客的业务每每事必亲恭，做好每天的平台调研工作，收集归纳平台订单发布数据和频率数据。并对平台客户群体、订单类型做了详细比对。吸取了开始几次失败的谈单教训。并在我的鼓励下，坚持联系客户，做好累积原始客户的基础准备。

12 月 18 日早上，也就是签约合作后的第八天，终于传来捷报，任卓通过一品威客的任务秘书黄婷，得到了一个 1 000 元小额设计订单。这个订单发布很久，始终无人问津，因为金额小，被其他设计公司忽视了，就连雇主当时都想放弃了。雇主当时因为不了解一品威客，仅想发个小订单试一下。最后只有杭州壹玖任卓和他们联系。在联系中，雇主被任卓的诚恳打动，也为任卓的专业能力所折服。就此，任卓和云南昆明市政府建立了基础互信。在几个小时的沟通后，双方最终达成一个 20 万元的地产全案策划合作，并于次日上午签订了合同，下午由昆明市政府购买机票，邀请任卓飞往昆明现场面谈。更有趣的是面谈后，任卓又做了横向挖掘，最后订单达到了 36 万元。主要内容是建立经济圈，包括前期策划、执行论证、项目规划、功能区块划分、视觉系统设计、运营管理和整体招商引资。

实现开门红，踏破坚冰后，壹玖创意文化势如破竹，首月就拿下 80 万元的总营业额！更是创造了威客网史无前例的传奇。

随后壹玖创意文化稳扎稳打，创造了一品威客许许多多的接单记录！最终创造了一个威客传奇——600 万元营业额！这是多少线下公司，几年都无法企及的数据。任卓仅仅用了 12 个月时间就搞定了！

我问任卓，当初为什么会在所有公司股东都反对的情况下，还力排众议地选择和我们签约合作！毕竟我们连电话都没有打过，更是素未谋面！

任卓说："第一次了解威客是在 2007 年，在国外听说的。但因国内猪八戒网需竞标、过于廉价，所以就放弃了，而一品威客则更适合我们这样的创业团队，我看中的是能够第一时间获取雇主联系方式。所谓近水楼台先得月，这个社会是信息社会，信息的互通性能够让我们快速寻找并锁定客户。"

说起线上接单，我研究发现，他们有两点值得学习。

1. 在与客户的交流过程中，更多沟通是关于如何把项目做好，分析客户需要什么，按阶段规划威客该做什么，给客户理清思路，向客户展示专业性，这点很重要！

2. 创造面谈机会，从线下走到线上，再从线上走到线下。这是壹玖的法宝！通俗讲，就是利用一品威客这个资源整合平台，获得更多杭州及附近的客户资源，与之取得联系，从而争取面谈机会。最终获得客户直接雇用的机会。

任卓非常细心和富有正能量，也乐于奉献。有一个插曲，我记忆很深，有一个早晨，我上班打开工作 QQ，任卓发来一大堆信息，大致意思是一品威客官网正遭遇黑客攻击。他见我登录了 QQ 后，马上放下手头工作，为我出谋划策，讲解该如何应对，如何破解。

除此之外，每每一品出台一些改革措施，任卓也都会积极地给予一些中肯的意见。他经常说这么一句话“我不怕竞争，就怕没有竞争”。

设计师需要避免的八大误区①

设计师们经常会创作一些不合时宜的作品，他们将设计与艺术混为一谈，想发挥灵感和表达个人想法。让我们一起来细数一些常见的设计误区。

设计并不复杂，就是制作产品。由于设计师的设计内容十分广泛，包括物品、信息、动作、构图设计等，这使得很难对设计下明确的定义。毫无疑问，关于设计存在许多不同的判断、理念与误区，并且在高效地产出作品方面存在一些分歧。这些误解会阻碍我们创作出好的设计。一旦设计理念植入脑海，便很难摆脱。它们与你想要打造的角色相矛盾，打击你作为设计师的信心，进而毁掉整个设计。仅仅对这些理念提出质疑远远不够，

① http：//www.woshipm.com/ucd/107002.html.

你需要的是彻底清除它们。

这里会阐释 8 个常见误区并分析它们是如何阻碍威客设计师完成设计的。只有认清设计路上的绊脚石，你才能摒除杂念，专注于作品设计的重要方面。

误区一：设计是艺术的兄弟姐妹

这就是将两种类似的职业混为一谈。游走于任何一家书店你都会发现，设计类书籍往往夹杂在艺术类书籍中间。（商业类书籍可能单独占据一整层，即使它与设计的联系比艺术与设计的联系更加紧密。）这能够说明一定的问题。你认为设计就是艺术，但其实它们是完全不同的领域。

将这两种职业混为一谈情有可原。艺术与设计都离不开洞察力。每个人也许都同意：艺术要求探索性、洞察力。

想象一些设计产品：宣传瑜伽课程的海报、保险续保单、玩具装配说明书。你会关心设计师采用何种创新方法吗？当然不会！每一件设计作品都满足了其功能性要求。视觉处理应当能够支持其设计内容而不能与之相分离。

探索并非设计首要的考虑因素。一件设计作品是否存在创新、令人意想不到、有趣，这些可能都不重要，它仅仅需要有效即可。

设计与艺术彼此没有多大关联。

误区二：创意是存在的

期待每天都有天才般的想法或将职业依赖于这些想法是很不明智的。

你脑海中新奇的想法可能并没有你认为得那么独特。

相反，你应该尝试了解客户的问题所在。聆听、观察和思考他们所面临的难题。只有深入地了解客户与其处境，你才能够想到合适的处理方法。

切忌过分偏离主题，否则你会错失良机。

误区三：与众不同即为好

你的重点绝不是创作出非同寻常的作品。

选择设计策略时，首先要考虑它是否能解决眼下的难题。有时设计师们会心烦意乱，将设计推向异端。这种错误导致的不合理设计是无法满足客户需求的。

设计无须打破障碍，它属于应用性实践，设计师们更关心的是设计能否达到预期的效果。

设计师好比裁缝。你的目标应当是放大品牌、组织、产品的特点，抑或是呈现首创精神。追求新奇只会让你远离客户需求。你应努力了解具体情境，而不是投身于寻找灵感。

误区四：才华非常重要

在你积极解决问题的时候，思维的火花或解决方案无论出自哪里都无关紧要。简单、浅显、常见也都可以接受。关键是看能否有效地解决问题。这才是你该追求的态度，它会让你进入更加良好的工作状态。你开始与他人合作，寻求反馈，迸发出无限的想法，因为你不再扮演孤独天才的角色。

记住，客户并不要求你有多少才华。对他们而言，唯一的要求是设计作品足够令人满意。制作恰当的设计是一项艰难的工作。设计师需要释放压力、解放头脑、自由地勾勒设计的草图、寓乐于其中、测试设计的作品。设计师的目标就是解决问题。

误区五：设计是一种生活方式

几乎没有年轻人愿意将美好的时光耗费在办公室小隔间里。通过比较，你会发现与那些“制造优雅”的幽默人士一起工作更能激发人的兴趣。创意自由外加收入稳定。看起来好像是鱼翅与熊掌兼得，实则不然。

许多设计院校的作品，如精装书设计、高端社会项目设计以及高度隐秘的私人作品设计，都在向我们传递一种理念：设计应当是有趣的。离校后，这些初出茅庐的设计师们不得不从美梦中醒来：等待他们去设计的都是无聊的报告、菜单、图表、表单、广告横幅、邮件简报及其他一些乏味的设计项目。这些工作往往要在几小时之内完成，老板绝对不会给你一学期的时间仔细琢磨。

尽管有时你会遇到一些振奋人心的案例，但你要始终记得设计是一份工作，而不是一种生活方式。解决了设计难题，在过程中找到解决方案，你会欣喜不已。

误区六：自我表达很重要

设计师们就像助推手，你的目的不是生产自己的产品，或是创立自己的品牌。你就是一名幕后工作者。只有当你的设计作品十分出彩时，你才会被人注意到。你的工作独立存在，无须解释也无需任何支持。这并不代表你的工作不能带有自我的表达，你仅仅需要将客户的目的放在首位，将实现自我置后。

误区七：设计师比客户聪慧

客户的决定和建议有时会让设计师苦恼不已，因为设计师不想放慢设计速度，不想回答问题，不想清除障碍。不管设计师对作品付出了多少，当他们感到苦恼时，多数还是会抱怨。发泄怒气有益于身心健康，可如果让这些怨气影响到设计就得不偿失了。

设计师始终要认识到，自己所扮演的角色与游客相似。即一些人专注于一个领域，而大部分人都不停地换工作。你是一名游客，你丰富的常识能够帮你完成旅行，但不要误以为自己就是当地人。

拥有专业领域的知识，可以让你不断地换新工作。然而，不管你进了哪个行业，你都无法完全操纵该行业的常规变化、非常规变化以及细节。解决方法就是分享你们各自的知识，提出可行的设计方案。客户与设计师之间最好能平等直接地交流，能认可彼此在设计工作中的付出与努力。

误区八：设计师是受众

“我喜欢”是设计中是很危险的字眼，无论从谁的口中说出都一样。对专业设计人员而言，这种表达更加令人无法接受。你要把自己从工作中抽离出来，即使注入情感，也要记得你不是受众。

你要避免主观回应。你所做的工作不是为了你和你的客户，而是为了那些真正的产品使用者：顾客、用户。当然，你的客户为你的设计买单，但他们真正的兴趣在于人们如何对设计作品进行解读及回应。你应当关注的是终端用户或受众，即便你与他们没有什么共同点。作为设计师，如果你认为自己与受众的感知是一样的，那么这是很不明智的。

幸运的是，你有办法扫清障碍。第一，你有感同身受的能力：你可以将自己置身于用户的位置，试着了解他们的处境与需要。这可能包括参观店面，看看他们在做什么。或者，你可以花钱享受一些服务，了解它们是如何运作的。若是你能够像用户一样思考、表现、体验，你会更好地理解影响和刺激他们的因素。

在客户面前，设计师就是客人。承认你缺乏对情况的了解也是智慧的表现。

第二，你可以检验自己的解决方法；探索哪种设计的变化能够更好地适应受众；调研问题，以便更好地获悉所用方法有效与否。这些信息也许会改变你一直坚持的设计。例如，你可能会为网站字体设置一个较大的字号，而你本身喜欢小号文字，这种改变是因为所有用户在测试期间都需要眯着眼睛才能看清。

威客如何处理与客户之间的纠纷[①]

不管在哪个威客平台，威客与客户之间的纠纷都是绕不开的话题。本节对威客与客户之间的常见纠纷进行盘点与梳理，然后通过对典型案例的分析，帮助威客降低纠纷率。

计件任务

该类任务产生的纠纷中，大多是威客投诉买家审稿不合理。不给做任务的威客“合格”评价。解决这类任务的关键点在于威客是否完全按照客户的要求去做任务了。请看典型案例：

【任务描述】QQ 群推广，3 个群为一稿，一人最多 2 稿。

【赏金分配】50 元。每稿 1 元。

【客户要求】任务要求如下：

1. QQ 群名称必须包含婚恋、交友、约会等关键字。

2. 群内总人数不少于 300 人，在线人数不少于 100 人！群内有聊天记录的优先审核通过！

3. 同一个群只能发一次，重复无效，两个人发同一个群，第二个视为不合格！

4. 要求发送的文字为红色 12 号字体。

5. 人工审核，不得 PS，请大家看清楚要求再提交截图。

6. 特别说明：QQ 群一定要截图，截图必须包含群名称、总人数、在线人数等，否则一律视为不合格！

---

① 本节作者：威客嘉荷创意。

【威客举报】按要求做了，为何不给“合格”？

【最后结果】客户胜诉。

【判断依据】不合格的稿件中，存在以下问题：

1. 威客 A 的稿件中，有一个群在线人数只有 76 人，不符合在线人数不少于 100 人的要求。

2. 威客 B 的稿件中，有一个群为车友会交流群，不符合婚恋、交友等关键词。

3. 威客 C 一人提交了 3 稿，超过了客户要求的一人最多 2 稿的要求。

【案例分析】很多威客新手在做计件任务时，觉得很简单，无非就是多劳多得。其实不然，有时恰恰是出力不讨好。如果威客确实按照客户的要求完成了任务，而客户为了多赚一些稿子，故意不给前面的稿件判定为“合格”，平台客服会介入，进行“改判”。如果威客只完成了要求的一部分或者一大半，不管你做了多少稿，也无法给一个“合格”。

还有一种常见现象，为了保证任务的圆满完成，一般可提交稿件的数量会大于需要的稿件数量。这时候，威客就要仔细看清已经交稿的数量了。比如上面的任务，最终是选 50 个合格稿件，如果威客发现前面其他人已经提交了 65 个稿件，建议你不要浪费时间，排除部分不合格的稿件，到你这里很可能做了也是多余。客户不会追加赏金给你的。

悬赏任务

悬赏任务常见的纠纷有两种：

一是选稿作弊，客户用自己的小号中标。遇到这种情况，通常在威客的举报下，平台客服会通过多种途径取证，发现举报属实的话，取消原来的稿件中标资格，客户重新选稿或者进入摇奖分标等环节。

二是中标威客无法兑现承诺，客户得不到满意的结果。在个人诚信体系还不完善的情况下，各大威客网站为保护威客的权益，防止任务发布者作弊，保证威客行业健康有序发展，都规定悬赏任务中，只要威客提交的有效稿件达到一定数量，不管发布者最终能否选到合适的稿件，赏金都无法退回。因此，客户在征集到的稿件中没有选到特别满意的方案时，就会放弃选标或者选择一位较好者中标。出于不愿意浪费赏金的考虑，客户可能会选一位实力威客或者创意接近自己要求的威客先中标，让他继续完成任务。

虽然大多数威客交稿时会打出广告，承诺选自己中标后，可以免费修改、再提供一些新方案或者赠送其他额外服务，但实际上客户选标后，威客的新方案可能还是达不到客户的要求。有人干脆采用拖延战术，迟迟不再给客户新方案，等公示结束的 7 天后系统自动打款，这样一来，纠纷就会出现。

【任务描述】商务宾馆取名。

【赏金分配】1 000 元。一人中标独享赏金。

【客户要求】经营内容为：韩式烧烤、西餐、住宿、棋牌。共八层，每层 380 平方米，望高手能帮我取个念着顺口，听着大气，能体现经营内容的名字，可以是四个字，但不是必需的，仅作参考。

【客户投诉】该威客纯粹是一骗子，开始根本就没有作品给你，但吹得很漂亮，后来就是根据这个网站不公平的规则来拖你，因为这个网站要求，只要你发布了任务，不管有没有合适的作品，你的钱必须付出去，没有作品也不退回，所以我只能说自己上当了，威客拿不出作品拖时间，到了时间钱就打给他了。

【威客解释】这个雇主及其合伙人抄袭并使用了某地别人的名字。我曾经给他们取过类似该名的很多好名。雇主还以打差评威胁我，要求退还全款，提的都是无理的要求。然后我还在任务里公布了客户的身份信息和电话号码。

【最后结果】网站和威客都无法满足客户全额退款的要求。客户留下的不仅是给威客的“差评”，还有对威客网站不愉快的体验和对威客行业整体的不信任。这是一个三方俱损的结局。

【案例分析】该案例中的中标威客在初稿里提交了几个名字，还发了长篇的广告，让初次上威客网的客户产生了错觉，以为选标后能拿到更好的方案。接下来，3 天公示期过去了，7 天自动打款时间又到，虽然威客也为客户提供了新方案，但客户一直不满意，而且认为威客是在利用规则，故意拖延时间，要求全额退款，未被网站和威客采纳。

要避免这类纠纷的发生，首先我们要从威客方面来找原因。因为威客比绝大多数客户更清楚网站的各项规则和任务流程。也就是说，威客既然知晓规则并对客户做出了承诺，就需要尽量做到让对方满意，如果达不到理想的效果，也可以通过友好的沟通或合理化的建议，让客户采纳自己的方案。客户过于挑剔，反复修改都达不到要求时，不要采用拖延和躲避战术，以为等到系统打款后就等于搞定了。而应该在方案达不到客户的心理预期时，主动提出返回部分赏金，给客户一些安慰，避免再浪费彼此的时间。这样诚实的态度，有时比能力更重要。因为纠纷一旦产生，费时费力费口舌，双方都受损。并且该案例中的威客在不冷静的情况下，公示客户的身份信息和电话号码，更是有违职业道德的。

招标和雇佣任务

这两种模式到最后都是一对一服务。从模式上看，买卖双方通过威客平台达成合作，付出劳动和赏金，都会有保障。但实际操作中，经常出现赏金支付时间与方式的分歧，客户抱怨威客工作时间太长造成客户损失，或者能力不足，不能圆满完成任务，客户不愿支付赏金或不愿全额支付赏金。而威客方面又申诉客户不配合、提出额外设计要求、超出了当初说定的范围等，要求客户支付全额或部分赏金并终止合作。

【任务描述】网站仿制。

【赏金分配】3 000 元。该团队独享任务赏金。

【任务时间】15天（客户托管赏金后开始计时）。

【双方分歧】完工后，到底是威客应该先给客户源程序，还是客户应该在表示满意的情况下先付款给威客？

【最后结果】合作失败，威客拿到百分之五十的赔偿金。

【案例分析】该威客团队在接手这项任务时，已经与客户有言在先：能想到的建议和要求一并说出来，设计时尽量考虑进去。而且协议中已经申明，任务进行中，客户可以看到实时更新的程序演示地址，完工后需先付款，威客才提供源码。但客户以种种理由推脱，要求先发源码后付款。双方几次沟通无法达成一致而撕破脸。因威客保留有各种证据，因此最终还是拿回部分赔偿款。

招标和雇佣任务都没有系统自动付款的时间，威客需要等客户验货付款才能拿到赏金。如果客户拿到源码、源文件或文案全稿后，不到网站确认付款，威客将处于十分被动的状态，尤其是创意型的作品，发出了就收不回来。所以，这类任务默认的规则是：客户看到效果图、样片或样稿等，确认满意后，先付款，威客再发文件。

因此，一对一服务的任务，签署合作协议和保留证据是两个最重要的环节。威客们不能因为急于接单而忽略细节，应在接受雇佣前签署好相关协议，至少要以文字的形式在任务要求中写清楚。最后双方都按约定来办。同时，工作中的聊天记录、邮件发送、电话录音等证据也要保全，防止出现纠纷时拿不出合理证据。

如果客户担心全款付出后，后面还有小问题，威客不进行售后服务，那怎么办？很简单，采用分期付款的方式，预留一点尾款，给自己吃一颗“定心丸”。

07

高级威客品牌经营

品牌的信任营销

在移动互联网快速发展的时代，品牌的影响力比以往任何时候都更强大、更深远。如何经营品牌成为一个威客立足的根本。在每个威客网上总有一些排名靠前的服务提供商让客户信任、放心，就像人们买空调会想到格力、美的一样，这些品牌让顾客感到值得信任。

《孟子·离娄章句下》有句："爱人者，人恒爱之；敬人者，人恒敬之。"这句话的意思是爱别人的人，别人也永远爱他；尊敬别人的人，别人也永远尊敬他。每一个品牌都是从小做起来的，在品牌的发展过程中，要像呵护孩子一样去呵护品牌的成长。爱品牌就是呵护客户对品牌的依赖之心与感恩之心。做威客永远都不要和客户争执，甚至争吵。面对一些无理取闹的客户，或者个别套稿的客户时，是人就会有情绪，在这些纠纷中，很多时候威客是忍不下去的，就会与客户争吵，其实这样是无益的。因为争吵就意味着把客户抛到对立面，只会加剧事态的恶化。对方作为买方，本来就是受益的一方，对威客的任何行为都有评价的权利，如质量、态度等，这些评价会永远显示在服务提供商评价栏目里。因此，当有纠纷的时候最好的办法就是要注意说话用语，注意多沟通，实在不行，可以求助官方。

在一些商场每天开业前都会播放这样的广播：“我们的服务宗旨：第一条，客户永远是对的。第二条，如有任何疑问，请参考第一条。”威客要从心里认可这一点：客户永远是对的。商场如战场，少不了个别人的妒忌与冷嘲热讽，甚至会有人故意给差评。对此，威客要学会一笑而过。事实就是这样：你有多强大，就要承受多大的外界压力。“你希望人家怎样待你，你就要怎样待人。世间最滋养人的是人心，没有什么抵得上一颗善良的心。”在这个世间没有绝对的公平，却有绝对公平的因果回报。爱与善会循环，如果不计较为客户付出更多，总会得到意外的惊喜。

人无信不立，业无信不兴。信用对于任何创业者来说都至关重要，诚信是金。诚信精神对于任何企业来说，几乎决定了一切，对威客也同样如此。拥有诚信不仅仅是口号，而是要在具体的实践中体现。当客户购买了产品，就要按双方合作前谈好的约定如实地履行。楚楚文案曾经遇到这样一个客户，每次修改的时候都很急，都是下午告诉修改意见，晚上就必须要出来，有好几个晚上他们的人员都加班到凌晨帮客户做出来。好几个月后该任务终于圆满完成了，客户很感动地对楚楚说：“您的服务和您的团队是最值得信赖的，还有追加好评吗？我去给您追加。”诚信就是威客向客户承诺什么，就一定要尽全力地去做到当时的承诺。公司有多守信，这个公司就会做到多大，正如知名策划人沈青所言：“诚信是奠定品牌文化营销的基础，也是决定一个企业品牌能否赢得消费者认可的重要评价指标。品牌若失去诚信文化，终将行之不远。”

一个产品最终体现的是精神层面的东西，即信任就是品牌的终极目标。威客要努力去守护自己的价值观。艺点品牌设计公司如今已位居设计类排行榜前列，在两年时间里，其创办者从一个人，发展到一个团队再到建立一个公司，共交稿 3 000 余次，成交额将近 400 万。现在的成功与创始人的执著以及公司的宗旨有必然联系。刚开始，因知识水平所限，屡次竞标不中，于是他每天上网，自学 CDR、AI 等设计软件。2012 年 10 月终于成功拿下一项任务，帮一家公司设计了一个标志，得到回报，从此一发不可收。他说："威客没有任何门槛，全凭能力吃饭，如果一开始没有擅长的技能，就根据任务摸索学习，一定会有意想不到的收获。"从事威客行业没有捷径，除了不断提高知识技能，外加一点创意头脑，成功的秘诀或许只有一条——贵在坚持，贵在学习与创新。其次，艺点一直秉承"勤于沟通，重于大局，微于细节，贵于专业"的公司宗旨，让设计回归本质。只要每个想成功的威客都拥有这份坚持、执著以及为客户考虑的服务态度，就会得到越来越多的客户。又如，二十多年前沈阳的沈努西和青岛的海尔，当时它们都处在相同的起跑线上，都处在产品短缺的卖方市场，沈努西很骄傲，号称"生产线上的货都有主了"，而青岛海尔的张瑞敏在带头砸次品冰箱，后来的结果大家都看到了，骄傲的沈努西垮了，谦恭的海尔成了世界品牌。企业对事件的态度传达的是品牌的信仰，海尔是一个有责任的品牌，因为有责任，市场也给予它丰厚的回报。最强大的品牌一定是有精神的，这种精神甚至可以强大到让消费者信仰、崇拜。

品牌是给威客带来溢价、产生增值的一种无形的资产，增值的源泉来自于客户心中形成的关于其载体的印象。品牌给客户带来的是一种精神上的享受，如信任、安全感，又或者是一种象征，如财富的象征。因此，威客要做百年品牌，就一定要取得雇主的信任。

爱客户＝爱品牌

做品牌要有大爱，不仅要爱自己的品牌，使其稳健发展，更要爱自己的客户与合作者。客户不是威客的对立面，而是威客最有力的营销者。如何经营客户关系，关键在威客对客户的认知。楚楚文案曾经给一个客户做了宣传片脚本，时间很急，价格也不高，她接下来并认真地完成了。随后的售后也及时地跟进，客户对楚楚文案的质量与服务很满意，后来又帮她介绍了6个的客户。这样的客户是值得拥有的，相信后期还会继续给她介绍客户。在某种程度上，当我们威客的品牌走进这个客户的内心，我们就赢得了这个客户的朋友圈。当你把自己对客户的大爱展现出来，回报自然也会跟着到来。

杜绝一锤子买卖，平等珍惜每个客户，永远心系客户

纵览各个威客平台，做得时间久的大威客相对很稳定，而中小威客却一直在变化，老面孔不断地消失，新面孔不断地添补进来。平台是一个熔炉，能将真正心系客户的威客百炼成钢。小威客之所以生存不下来，很多时候不是因为能力问题，而是因为思维问题。经常会有一些客户投诉，选一些小威客中标，随后联系不到人，甚至有些客户把交易款项付给对方后，就再也联系不上中标威客做售后工作了。一些威客抱着一锤子买卖的心态去做生意，损害的不仅仅是威客个人，更是自身品牌的影响力，这样是无法长久的。

对于每个人来说，接到大单肯定会加倍用心地服务，以自己最高的水平去做任务。但是对于小单来说，一些威客常常会觉得没有几个钱，售后难免会跟不上。小单通常才几百元，甚至几十元，如果客户要求修改3次，一些威客就会认为客户真是挑剔。如果是大单，修改7～8次也会认为是合理的。其实小单做好，才能更好地做大单，没有小单怎么积累经验，怎么会遇到大单。

有这样一个90后威客叫潘敏，毕业后在一家甲级景观设计院从事设计工作，特长是园林景观设计。由于工作之余空闲时间还比较多，了解到做威客能赚钱，也能提升设计能力。于是2014年加入威客网，开始了她的威客之旅。她第一笔交易，金额只有300元。威客之路并不是她想象中的一帆风顺，由于初入猪八戒网，店铺知名度还未打响，设计能力未得到客户的认同，第一笔订单足足等了半个月，而且金额仅仅 300 元。

她回忆说，7 月 24 日的早上，她还在为第一笔订单发愁，正通过需求市场寻找订单。这时，泰州市某工厂发布了一个绿地景观园林设计的需求，但只愿意出 300 元，面对如此少的金额，其他威客都选择了放弃。潘敏认为这是一个机会，说不准这就是她当威客以来的第一笔订单。按照客户的设计要求，这个需求至少要付 600 元才能做，而她只收 300 元就完成了，最终客户很满意。对她来说，之所以接下这个订单，看重的不是钱，她清楚地认识到，店铺的成长需要经历一个艰辛的过程，为了更快地积累人气和提升店铺等级，不应该在乎订单的大小。

很多威客也都是从 50 元的订单开始，做到能接几万元，甚至十几万元订单的水平，每个成熟的威客都会认为给客户提供高品质的产品与售后是发展的双重保障，如果需要稳定的客户和回头率，坚决不能做一锤子买卖！不做一锤子买卖已经成为很多威客的座右铭。

信任每一个客户，提升客户快乐感

在第三方平台，陌生的威客与陌生的客户交流，信任是基本的前提。如果其中一方缺乏诚信，这个交易总会遇到各种麻烦。作为依赖平台的威客，就更要遵守平台的规则，不做线下交易，信任每一个线上交易的客户，相信平台会有纠纷处理办法。一品威客的客服会及时与客户沟通，在很短的时间给予处理。信任是相互的，当威客信任客户，客户也会更信任威客，从而促进交易的顺畅。

记得有这样一个威客，只接 1 000 元以上的订单，从不接 1 000 元以下的订单，除非客户先支付一半款项作为定金，然后才开始做。虽然这样能保障威客的利益在双方有纠纷的时候不会受到太大的损害，但是对于客户来说，他购买服务的体验已经降低一半。加之后期如果威客无法让客户满意，又会影响客户对这个服务提供商的信任，结果是客户非常不满意，更不利于威客积累老客户。

成功服务好一个客户，带来 30 笔交易

曾经有这样一个客户，找到楚楚文案写文案。客户是一个很严谨的人，与该团队负责人电话沟通不下 6 次，然后最终选择试着合作。每个客户每次选择的时候，都需要下很大决心，每个选择都是他沉甸甸的希望。当客户下单后，楚楚文案团队便立即安排专业人员开展工作，以最快的速度与客户沟通最初的创意，当初步创意通过后，就开始加班做详细方案。来来回回地修改与提交，反反复复有十来次，不管什么时候客户提出修改要求，他们都会结合自己的视角与客户讨论，从而最快地提交新稿。一个文案经历了 10 天终于定稿。这次与他们的合作，客户很满意，他说：“在整个服务过程中，我能感受到你们对客户的责任感，是一个有担当、有潜力的团队。”

随后客户又找他们下第二单、第三单，直到目前已经完成 30 笔交易。服务好一个客户就会有第二次成交的机会，但是在短期内客户带给他们这么多的交易，还是很让人惊喜的。虽然并不是每个客户都像这个客户一样有财力，但只要努力，客户回报威客的远不止那几个小小的订单。之所以可以做好这个客户，是因为楚楚文案给他提供了超出期望的品质与服务，让他感觉到一种购买服务的快乐。

向乔布斯学习表达

大脑不会自发地处理抽象的概念。东芝医疗系统的一位管理者在介绍新型 CT 扫描仪时，称其为“第一台利用 320 排超高分辨率探测器，扫描整个器官的动态高容积 CT 扫描仪，扫描一圈就能成像”。但是这种表述就未免过于抽象了，“能再具体一些吗？怎样才能打动我？”于是他换了第二种表达方式："如果你因中风或者心脏病发作就医，医生能够用这台仪器更快速地做出准确诊断，挽救你的生命。简单来说就是：病人是康复回家，过上充实的生活，还是再也认不出自己的亲人，这取决于是否使用我们的产品。"这样表述就容易理解多了。

抽象的信息需要具体实在的解释。如果观众无法理解你的信息，你就无法让他们"惊掉下巴"。

大脑中负责记忆的杏仁核区域在处理"生动"事件时，表现得最活跃。研究者让实验对象看图片，包括"能激发消极情绪的图片"，如鲨鱼露出牙齿的样子；"能激发积极情绪的图片"，如温和的亲情图片；以及"普通场景的图片"，如人们站在自动扶梯上。然后，研究者展开两项不同的研究，检测实验对象记住了多少细节。其中一项研究在实验对象看完图片的 45 分钟后进行，另一项研究在实验对象看完图片的一周后进行。两项研究都表明，人们对情绪感较强、清晰度高的图片的记忆更深刻。

以上信息会给那些做宣传的人带来怎样的启示？

如果你能和沟通对象的情绪反应建立联系，沟通对象就会更加深入地感知你传递的信息，而更少受到干扰，从而更容易记住你的信息。你要用非常具体和有针对性的例子来解释抽象的问题，还要娴熟地使用图表，无论它们是漂亮的、惊人的还是令人生厌的。

史蒂夫·乔布斯是调动观众情绪的高手，即"欢呼时刻"（wow moment）之王。

乔布斯离开 12 年后，于 1997 年又回到苹果公司。他在回归后的首次演讲的最后两分钟时放慢语速、降低声调说："购买苹果电脑的你一定与众不同……我相信，世界上购买苹果电脑的人都是拥有创造力的人。他们要做的不仅仅是完成工作，而是改变世界——用任何他们能够获得的工具改变世界。而我们要做的就是为这些人创造工具……长久以来，人们觉得他们是疯子，但是从他们身上，我们看到了天才的影子。我们正在为这些天才创造工具。”

2001年，苹果公司推出了iPod（苹果音乐播放器）。这种MP3（一种音频压缩格式）音乐播放器不是市场上第一款便携式音乐播放器（还记得索尼随身听吗?），虽然它从电脑上下载和传输音乐的速度更快，但这并不是它最大的闪光点。乔布斯打算用产品尺寸作为演讲的噱头。

“iPod有何独特之处?”他对观众说：“它的独特之处就在于其超乎想象的便携性。iPod只有一叠卡片那么薄，精致小巧，比大多数手机都要轻，但这还远远不够……有了这个神奇的小设备，你能把1 000首歌曲装进你的口袋里，我正好就有一部。”说着，乔布斯把手伸进口袋，拿出了世界上第一部能存储1 000首歌的音乐播放器。

乔布斯也是把数据变成演讲噱头的天才。苹果公司的其他管理者沿用了他的这一技巧，用新奇的方式发布数据，为数据增色，给观众留下深刻的印象。在iPad Mini（苹果小尺寸平板电脑）发布会上，苹果公司市场营销副总裁菲尔·席勒说：“这台平板电脑厚7.2毫米，比iPad4（苹果第4代平板电脑）还要薄1/4。”席勒知道，这一数据本身不会给人留下什么印象，所以他选择用一种新奇的方式发布它。“也就是说，它的厚度仅相当于一支铅笔的直径尺寸。”与此同时，幻灯片里的iPad Mini旁边出现了一支铅笔。“它的重量是0.68磅，比上一代iPad轻50%还多，只有一本便笺纸那么重。我本来想说是一本书，但相比之下，书显然太重了!”大多数人都忘记了这款平板电脑的确切尺寸和重量，但都记得那支“铅笔”和那本“便笺纸”。

向foursquare学习黏住顾客

每个威客都希望自己的老客户记住自己的品牌，以后再有新的任务时可以直接雇用自己，这就叫“黏住顾客”。

一品威客网站的工作人员钱丹丹说：“我们平台是创意交易平台，但是与客户直接谈单子，最重要的是以服务为王，互联网更看中体验感，更看中口碑。客户为什么要在你这里合作，无非就只有两个因素，客户相信我，我能和客户一起达到双赢的局面。纵观互联网的领军企业，如腾讯、360、阿里巴巴等，这些公司之所以能做强做大，都是因为刚开始的时候给了客户非常好的体验，并且无意识地积累了大量的用户，所以它们现在自然而然地有了较高的市场占有率和好口碑，你现在用 QQ、360，是免费的，你用得不爽还可以提建议，只要对方觉得你的建议有道理，它们都会采纳。我们接单也是一样的，我们平台与你合作，把我们长期合作的老客户介绍给你，如同古代传递最新的战略消息。你要想客户把订单交给你，就要注重客户的体验感和彼此之间的诚信。如果你的服务很好，感知度很棒，他们后期自然就会依赖你。就像旋风设计，2014 年在我们平台线上交易 100 多万元，他们的客户黏性就非常强，而且我回访过他们的客户，几乎清一色的好评，为什么呢？我采访过旋风设计的负责人，他只说了一句话：‘多走一里路。’是啊，就这么简单的五个字，却道出了真谛！相反有很多做得一般的威客，我发现，他们更多时候是跟客户较真，太过于计较，却不知，赢了当下，输了未来！”

说到黏住顾客这个技术活儿，地球上有这样一个标杆企业值得威客们好好学习借鉴。它就是美国的 foursquare 公司。每个月，foursquare 上会新增 100 万名用户，每秒钟会有 23 人次在上面检入（check in）。来自各个大洲、各个国家、各个城市，甚至是太空空间站的数以百万计的人们，都在力争成为自己最爱的购物场所的虚拟“市长”。foursquare 为什么能够成为最热门的社交网站？它如何帮助商户和企业黏住自己的顾客，推动顾客之间开展竞争，让他们对企业或商户的产品和服务一见钟情，乐于成为回头客呢？

仔细读一读《黏住顾客：foursquare 如何打造忠实客户群》这本书，威客们就会学到黏住顾客的秘诀。

《黏住顾客：foursquare 如何打造忠实客户群》[①]

这本书讲述了继 Facebook、Twitter 之后，最新型的社交网站 foursquare 的崛起、发展及其“检入”这一特色功能在商业中的运用，展示了各种行业应如何利用社交网络来发掘、维护、增值客户群体和服务。《黏住顾客：foursquare 如何打造忠实客户群》对任何一个想在社交网络时代，运用新型商业模式和营销工具来拓展业务、黏住顾客的企业和商家都有极大意义。

社交网络时代黏住顾客、开启商机有 8 把金钥匙：

1. 利用新支持者的力量（harness new fans）：使用社交网络来吸引那些本不知道、不注意你的品牌和企业的顾客群体。foursquare 努力吸引更多的商家参与这个平台时，不过是利用了他们所能找到的最佳销售团队：忠诚的用户。用户热切地期盼着商家能够注意到他们，提供奖励来嘉奖他们的忠诚。这些用户其实已经成了这些商家的销售代言人。他们是自愿、无条件帮你宣传品牌和服务的使者。

2. 发动追随者的积极性（engage your followers）：在社交网络上不断注入新的见解和信息，引领身在世界各地的顾客和粉丝追随你的品牌和企业。“吸引人气就是我们的商业目标。要在虚拟的平台上构建真正的客户关系。”公司的热心支持者才是公司的最佳广告人。只要地球上有商家，吸引顾客永远是它们要参与的游戏。

① ［美］卡迈恩·加洛：《黏住顾客：foursquare 如何打造忠实客户群》，北京，中信出版社，2013。

3. 让你的雇主变身“超级客户”。让人们尽情在网上讨论你的业务，在整个移动社交网络内积极宣传你们的品牌和服务。foursquare是促进这种互动对话的最佳平台。一旦忠诚的用户开始评论你的服务，口碑效应就会迅速体现出来。这就是影响力，这就是口碑宣传的效用。

4. 提供奖励回馈客户（create rewards）：利用社交网络强大的免费工具，明确你最佳顾客的需求，奖励他们的忠诚。foursquare上有很多商家和机构都在用有形的产品或服务来嘉奖顾客的忠诚。顾客本身对品牌的认同，同样能吸引他们上门消费。因此，一定要根据你的业务特点和品牌价值，深入挖掘顾客的消费内因。成功利用foursquare平台奖励“市长”的商家正是抓住了人们希望被认可、追求成就感的心理。他们不经意间帮助人们实现了自我价值。市场的机遇很大，如果你能以对话互动的方式来看待社交媒体，你就能创造性地摸索出为追随者创造附加值的道路。

5. 在竞争中立于不败之地（knock out the competition）：在社交网络这个新的平台上出更多点子，击败对手，开展全新的宣传活动。不要等待其他公司的经验，创造你自己的传奇！

6. 创造激励机制（incentivize your customers）：不断变换花样，让你的顾客时刻不忘去你的店里“检入”。最佳的激励措施在于那些吸引眼球的方案本身。要看这些方案是否可以提供足够的理由让客人再次光临，并把自己的经历和其他好友分享。小型公司此刻和大公司在一条起跑线上，不会受公司规模或者营销预算的限制。唯一限制他们的就是他们自己的雄心和创意的优劣。

7. 为顾客创造快乐，永不止步（never stop entertaining）：玩转社交网络，才能玩“赚”社交网络。永远不要停止你为顾客创造快乐的脚步。从本质上来看，社交媒体真的是乐趣多多。威客们应该充分利用社交网络的有趣性。门口贴的传单太古板了，黄页上的广告太乏味了。请开动脑筋让你的顾客尽情 high 起来吧！给他们欢乐，顾客会给你更多回报！

8. 娱乐性战略。foursquare 将人生变成了一场游戏，游戏本身就有娱乐性质。英国作家切斯特顿曾说："天使之所以能飞，是因为他们把自己看得很轻。"一定要有幽默感。不管是生活，还是你的社交媒体战略，都需要一点儿娱乐精神。

另外一家将客户体验做到极致的标杆企业是美国的美捷步公司（Zappos）。它代表着美国客户服务的新标准、非凡的网购体验、绝佳的工作氛围，以及这个时代最令人印象深刻的创业神话。过去的十年中，美捷步在几乎未投放广告的情况下，从零起点发展为年销售额 10 亿美元的电商企业。

畅销书《星巴克体验》的作者约瑟夫·米歇利写了一本《Zappos 模式：美捷步极致客户体验的五大核心法则》，揭示出美捷步成功背后的故事。米歇利将美捷步的成功归结为五大法则：第一，完美的匹配——确立根本的企业价值观；第二，轻松而快速——让客户体验简单而省心，"费力少少，客户多多"；第三，人性化服务——真正地与客户建立联系，牢记"客户不只是会走路的钱包"；第四，延伸和拓展——促进知识和产品的延伸；第五，能玩才会干——玩得好才能工作得投入，"玩，是企业长久发展的不竭动力"。

激活品牌的内在力量

一个品牌的内涵是静止的，通过质量与服务激发品牌内在的影响力至关重要。在威客平台，无论是在设计、文案，还是装修领域，都有数不清的威客，当客户挑选时，有80％的威客是从来不会被问及的，这与品牌的内涵有关。客户不选择那80％的威客是因为这些品牌没有给客户选择与尝试的理由。

专业过硬，品质上乘

在所有赢得客户的条件中，质量无疑位列第一。服务好会让品牌“锦上添花”，但是质量对客户来说却是“雪中送炭”。对于威客来说，很多时候一些客户上午下订单，晚上就要交稿，第二天一早就要用。在这样紧急的情况下，客户选择一家服务商就相当于下了赌注，如果做得不好，客户都没有修改与重新做的机会。所以每次交易对客户来说，不仅仅是一笔花费，更是对服务商的信任，所以质量一定要好，因为这些客户没有时间容你修改。

提升服务，为品牌印象加分

当客户面对众多威客的时候，首选的就是品牌印象。在历史的发展中，品牌早已不仅仅是产品名称的区别，而是已上升到了精神的境界，成为产品价值、地位、品质、承诺、服务的代表。品牌是无声的语言。正直有责任感的威客总会使客户对品牌怀有好感。1985年海尔公司的砸冰箱事件，不仅改变了海尔员工的质量观念，为企业赢得了美誉，而且使海尔重质量、负责任的品牌形象深入人心，让客户感觉到品牌传递的是一种正能量：选择海尔就是选择放心。试想如果有一家威客，对所有客户提供最尊贵的服务，如果客户对产品不满意，就按客户的要求去修改，甚至全额退款，这样风险虽大，但是长久的口碑影响却是不可估量的。威客在平时对客户的服务中，态度要好，不管客户何时发脾气，怎么骂威客，威客都要保持平和的心态，从容地应对。当威客处事相对理性，态度很好时，一些难沟通的客户便会转变态度，从而让威客化险为夷，促成交易。

人们都说做一行，爱一行。其实爱一行，做一行会更容易做得出色。爱好可以产生神奇力量，因为喜好，会感觉不到累，会有无穷的力量支撑着自己做下去。威客就要做自己最擅长的，这样不仅容易把握，更容易做出特色，容易创新，容易给客户超出期望的产品，也就更容易成交，从而使客户成为长期的客户。当自己足够专业的时候，和客户沟通也会很有底气，可以很快了解客户的需求，更好地引导客户，促成交易。因此，威客要定义好自己的品牌，品牌是为部分特定人群服务的，对需求市场进行细化，明确自己面对的特定人群。如果品牌定位不明确，品牌服务范围就会模糊。品牌定位如果仅仅是卖产品，那么客户往往是哪家好选哪家，忠诚度极低；品牌位定是卖服务，则会赢得一些忠诚的客户；当品牌定位是卖思想，就会赢得拥有这种思想的忠诚客户。卖思想的前提是企业要坚持创新，要用创新说服客户什么是最重要的。

一个成熟的知名品牌对于客户来说是一种信誉，是一种放心，更是一种承诺。品牌企业说什么，客户都会相信，而非品牌企业说什么，客户都会怀疑。品牌代表了企业或产品的一种视觉上的、感性的和文化上的形象。品牌是企业无形资产的核心，它是存在于消费者心目之中的企业形象，它不仅仅是商标标志，而且是信誉标志，是对消费者的一种承诺。香奈儿向来向消费者承诺："我们的坤包是独一无二的，我们的坤包是全手工制作的，我们的坤包是专供欧洲皇家女士使用的，我们的坤包是不可能低价出售的……"如果没有这一系列的承诺（高贵的品质、优质的服务、良好的口碑等)，香奈儿的包就与普通包别无两样。这就是品牌的精神价值所在。香奈儿出售的不是坤包，而是一种资质证明，它能让消费者产生特殊的心灵愉悦。

品牌就是一整套承诺，从清晰地向客户承诺能达到的服务，到最后无条件地履行这种承诺。正如彼得·德鲁克曾认为企业就是创造顾客，如果没有顾客，企业和产品其实没有存在的意义和缘由。只有以客户为中心，以满足客户为目标，才能找到品牌的核心诉求，从而塑造品牌的个性，实现品牌溢价。有特色的品牌才具有持久的生命力，才能长久地占有市场的一席之地并通过品牌战略逐步扩大知名度。对于威客来说，要会承诺，更要会实现承诺。若客户对服务不满意，要想尽办法让他们满意，一个方案不可以，换 2～3 套方案，如果还是不满意，就退款。品牌经营是一个长期的过程，伴随着品牌成长的每一刻。威客经营品牌要有耐心，不要浮躁，不能急于求成；要多关注消费者关注的话题，通过各种渠道与消费者沟通，切实满足他们的需求，这样才能提高品牌的知名度、美誉度，并增强顾客的忠诚度。

歌德说："人们见到的，正是他们知道的。"同样的一个品牌，客户的反应却会是完全不同的。有些客户自己尝试过这个品牌，感觉很好；而有些客户受身边朋友的影响，他的朋友用过这个品牌，体验很不好，一种负面的情绪也会直接影响他们。所以在品牌的经营中不要树敌，要尽全力让每个客户满意。

付出远超常人的努力与心力

"每一天都竭尽全力、拼命工作，是企业经营中最重要的事情。想拥有美好的人生，想成功地经营企业，前提条件就是要'付出不亚于任何人的努力'。"这是经营三家世界 500 强企业的著名实业家、哲学家稻盛和夫的六项原则之一。他 27 岁成立"京瓷"公司，常常从清晨工作到凌晨，正是这份执著和付出，才成就了"京瓷"的辉煌。他用行动与事实证明：除了拼命工作之外，不存在第二条通向成功之路。因此，对于任何人来说，想要成功都要付出不逊于任何人的努力，而且能专心一意地坚持下去，即使有任何抱怨和不满，也不应阻碍努力向前的脚步。

惊喜总是能让人记忆深刻的，努力地给客户超出期望的服务价值，就是给他们的一种惊喜。很多时候，客户的单子交易完成很长时间了，已超过规定的售后期限，还要修改，但是作为威客最好不要拒绝他们，要按往常的正规流程给客户进行正常的售后。甚至半年前的订单，也要视情况做好售后。这是一种增强客户黏性的方法，不在乎得失，反而会得到更多。无论帮客户做什么，都尽可能地从客户的角度去思考问题，这样项目进展会非常顺利，客户满意了，也会很乐意给好评。当威客带给客户惊喜的时候，客户不仅会满意与感动，更会对威客的充满信任，促成双方以后的长久合作。

任何人买东西都是怀着期望的。客户从威客这里买的是服务，在最初的时候他们最多只能看到威客过往的案例，看不到自己所需服务的样子。由于威客以出售自己的智慧为职业，这种无形的产品总是会给客户更多的期望空间，这种期望比实物更强烈。由于客户的期望值高，客观上就要求威客的产品质量超过提供的案例。但是一些威客意识不到这一点，他们在接到客户的订单后，就开始按常规的要求来做，做出来的文案或设计也是常规水平，这样当客户看到初稿后，就会多多少少有些失望。了解客户对服务的这种需求，威客就要全身心投入，为客户提供超出期望的产品。

想给客户惊喜不仅仅要做好写作或设计的质量，还需要其他的努力，如提升服务水平。若客户要求在规定时间提交稿件，威客就努力提前提交稿件，这样往往会给客户一种好感，他会从心里认为这是一支高效率的团队。当客户要求威客的稿件达到一般的标准就可以，威客就要以高于客户的标准来严格要求自己，做到自己认为的完美，这样才会让客户满意。不管是做什么单子，以高标准来要求自己，以完美的追求去做事，才能使客户心服口服。在任何稿件提交前都要仔细地检查，仔细地推敲每个字，坚决不能出现错别字，尤其是有歧义的地方。出现错别字会让客户感觉威客的态度有问题，客户能容忍威客水平不高，但不能接受威客态度不认真。

记得曾经有这样一个威客朋友浩，他利用自己工作之余接些活。每次接到活后他都全心地去做，甚至一个不到100元的小单子，他也当成一个重要的单子去完成。每个单子他都努力做到尽善尽美，没有错别字，语句经典唯美。其中，他付出的辛苦估计只有做威客的人才会懂。每次，他都努力让客户开心，一个100元的订单，如果客户要再加个广告语，他也会乐意地送上。一个1 000元的设计，客户要再做个小文案，他也会满足要求。可以这样说，客户付款后，有什么要求，他都会尽可能地满足。他服务过的客户，都对他称赞有加。如果客户不满意，他不会收款，他说到也会做到。在别人看来，这简直就是赔本的生意，很多人都不理解。在有人采访他时说："这么小的单，你也这么拼命付出，值得吗?""当然值得，付出和回报不是在同一个时间点上进行的，你现在付出了，将来也许才会收到回报。"果然，他的威客生意越来越好，他辞去工作，开始全力打理自己的工作室。3年间，他的工作室已发展到30余人，交易量稳定地排名同类的前三名。后来他的成功也说明他当时那样做是对的。在任何事业的起步阶段，都是积累经验的时候，像浩这样，虽然前期会很艰辛，但是做好前期的工作，后期的财源就会滚滚而来。

无论是文案还是设计，都是需要借鉴别人的作品，这样难免会导致作品的同质化。同质化现象已经成为客户选作品时经常会遇到的问题。原创不仅需要人力、物力和财力，更需要天赋。客户说我想要个苹果，威客就设计个苹果交给客户，这样通常客户不会满意。其实客户想要的不仅仅是他能提到的某些要求，而是要求威客用灵感去创作。有时候，当威客把做好的东西交给客户时，客户又会提出一些新的要求，甚至和最初的要求不一样。这里面不仅有客户表达的问题，更有威客的原因，威客没有真正赋予产品原创元素。因此威客要以客户的需求为核心，真正理解客户想要的东西是什么，然后才能全心全意地做产品，使客户满意，从而提高客户对品牌的依赖，增强品牌的生命力。

人都是有惰性的，这个惰性存在于生活的方方面面，客户购买服务也有惰性。当客户认准一家威客，通常下次需要做产品时他们还会找这家服务提供商。首先，因为是合作过的比较满意的威客，再次合作服务的质量也不会差到哪里，已有一定的默契度。其次，寻找新的服务商存在风险，时间成本太高。威客要意识到这一点，要把每个客户牢牢地吸引在自己的品牌下。

营销本身就是一种体验，“黏性营销”不仅与服务商提供的产品、服务和体验有关联，并且它本身就是一种体验、产品或服务。只有在与客户互动的情形下，营销和交流才能提供价值。例如，作为国内最具口碑的餐饮连锁服务机构，海底捞是较早试水 O2O 营销的餐饮连锁服务企业之一，凭借在微博、点评网站等互联网平台的口碑，海底捞迅速聚焦起了大量忠实粉丝。海底捞借助创意活动、全面的自助服务、设计精美的熟菜图案以及“微信信”等做到每日微信预订量高达 100 万。

有句话说前生 500 次回眸才换得今生的擦肩而过，我愿用千万次回眸，换得今生与你相遇。每次与客户相遇、成交都是一种缘分，只有惜缘，以诚相待，才能续缘。每个客户都带着一份期待而来，只有尽全力给他一个超出期待的欣喜结果，他才会享受到客户受尊重的感觉，威客才会赢得珍贵的信任。让每一个客户满意是威客一直追求的目标，威客也需要为此一直努力。曾经有这样一个老板，找楚楚文案合作过好多次。有一次时间紧，那个老板说他们做的稿子还可以，但没有达到他期望的水平，然后他语重心长地对团队的负责人说：“你要做得更好，做得更大，必须要投入更多的心力，每一次都要精益求精，这样才能更卓越与优秀。”在威客与客户的交流过程中，客户会时不时提出自己的意见，不管客户的意见是对是错，威客都要静下来反思。其实很少有客户是愿意挑剔的，如果一样作品让他们很满意，他们是不愿意再让威客去继续修改的。要想使品牌出众，就必须付出超过别人数倍的努力与心力，只有严格把关每个作品，不出差错，才能尽可能地让每个客户满意。在店铺发展的过程中，威客经常会得到客户的宝贵建议，一定要思考客户的意见，从而实现提升。

案例：VIP售后服务——威客心灵的搭建师。[①]

从事这个岗位一年多的时间以来，接触过形形色色的人，看多了，其实发现他们都挺可爱的。不管是怎么样的客户，我都非常珍惜跟他们一起相处的缘分，每个人都拥有不一样的人生，但是他们加入一品威客只为了共同的目标：让人生有更好的发展。不管他们线下的实力怎么样，加入一品威客，就是全新的起点，而售后服务顾问就充当了他们的心灵搭建师的角色，一步步看着他们从茫然到成熟，最终在一品威客扎下根来的过程。其中有艰辛，有辛酸，但是收获的更多是满满的感动和成就。

记得我遇到过一个非常特殊的客户：聋哑人。因为听不到外面的世界，交接工作就只能通过QQ。客户一加进来就把商铺装修好了，可见其积极性和实力都是非常高的，但是因为语言上的障碍，存在非常大的沟通问题。在服务的第二天他就收到了客户抱怨与退费的要求，甚至还受到语言上些许的诋毁和谩骂。

就像刚刚离开妈妈的怀抱进入幼儿园的小孩一样。脱离了传统的接单模式，第一次接触威客平台，有一种没有安全感和茫然的感受。而此时，出于保护自己的本能，他选择了逃避，而我就是他的唯一一根稻草，他只能紧紧抓着我。

其实我理解这样客户的心情，也能体会他的情绪，而专业的知识让我更加沉着稳定，针对他的情况，给他进行了专业的分析和引导：第一，他做的是网站的任务，在我们平台上有非常多适合他的单子，接单是根本不用担心的；第二，虽然他是聋哑人，但是从他的案例可以看出，他的实力很强；第三，我们一品威客针对这样有实力的VIP，

① 案例来源：一品威客的VIP售后服务顾问陈钰霞。

有非常好的推广途径，后期的发展也是不用担心的；第四，我们针对不同实力的威客也会提供不同的增值性服务，通过多方面的协助，提高他在一品威客的能力；第五，还有专业的任务顾问帮他解决在平台上碰到的问题，沟通根本不是问题。

对于这样的客户，作为任务顾问的我，就起到了非常关键的作用。人跟人之间的相处真的很奇怪，就像同理心一样，你怎么对他，他也会怎样对你，虽然他的语言不是特别友善，但是我还是像知心朋友一样针对他发给我的文字进行解答，并且关心他。经过一番了解才知道，因为他是聋哑人，在生活中有非常多的障碍，有时候会感觉到无助，而最近他在线下找了一份酒吧兼职的工作，也根本抽不开身，所以想要退出。我在 QQ 上鼓励他，并且给予了他一些心理疏导，与此同时，帮他找了几个适合他的任务，并且先跟雇主沟通好，再把 QQ 留下，让他们双方去沟通合作的具体细节。就在这样的配合下，当天下午就接下来了一个五千元的单子。据我了解，后来他们也达成了非常愉快的长期合作。后来，我还了解到他去旅行，还做了更多的单子，生活越来越多姿多彩。

人的一生会接触很多不同的岗位，而作为服务顾问，通过心灵沟通和专业的工作能力，能在客户的工作和人生中起到帮助和鼓励的作用，这真的是一件非常美好的事情，我又怎能不为自己的工作感到自豪呢？未来的人生需要的是更多的努力和突破，期待变化，期待与更多威客共同成长。

品牌的常规营销：平台广告位

成功的威客需要找到自己的亮点，更需要展示自己的亮点。如果没有亮点，雇主怎么去发现你呢？若没有展示，雇主怎么去信任你呢？做威客最重要的是需要取得雇主的信任，然后找对方法[①]：

1. 若你在威客网站注册了会员，你必须完善好自己的资料，填好自己的人才标签。很多雇主在找各个类型威客的时候，往往会在威客网站进行人才搜索。倘若你任何资料没有留下，搜索引擎是不会把你的资料推荐给雇主的。当然，雇主搜索的时候可能会找到很多同类的威客，那就要看你的文字表达能力了。想把自己卖个好价钱，就必须下工夫。要告诉雇主自己的特长、专业、实战经验。如此你的机会才会比别人多。

2. 要充分展示自己的才能、作品、案例。现在很多威客网站都提供了展示自我的功能，将自己中标的作品放在个人空间，让雇主们可以随时查看。没有这些的话，雇主们就无法全面了解威客的能力、智慧、知识、经验等，那就更谈不上取得信任了。威友往往一味地找任务、找雇主，又报名又投稿，却忽视了最基本的个人展示，雇主一查看威友的基本情况，全是空白，结果屡战屡败，每次扑空。雇主往往考虑威友是否有能力完成任务，够不够勤劳，是不是能按时交稿或完成任务，过去是否有成功案例，服务态度是否良好，有没有诚信，好评度高不高，还有收费是否合理等。

3. 必须多参与网站的各种活动，积累信誉和积分。做威客需要雇主对你放心，那怎样才能让雇主对你放心呢？除了展示自己之外，你还需要积累信誉、积累分数。你的积分一涨上去，网站对你的待遇自然会变得不同。就拿代尔劳威客网来说吧，积分多了，等级、级别自然就提升了，得到的功能增多了，操作权限提高了，威客推荐好友给的提成增加了，交易成本低了……可以说好处多多。

4. 多发布作品、案例，毛遂自荐。威客提供的是特殊的商品，既然是

① 素材提供：李林祥。

商品总得有人来开发，有人来推广展示。雇主是消费者，对商品的需要往往是被动的。就像人们逛街一样，事先大家没有想好要买什么商品，但走在大街上，有时候你会发现喜欢的或需要的商品，于是就买下了。威客领域其实也一样，只要雇主（消费者）看到了，觉得有需要，他会义无反顾地买下。若你都没有任何商品，消费者可能永远不会光顾你。

5. 多参与任务报名。雇主（消费者）一般会把他的需求直接发布在威客网站上，希望有愿意做任务的人参与。也只有你主动报名，才能表示你愿意接受任务。雇主（消费者）才有更大的几率考虑你。

6. 多做任务投稿，多出点子办法，为雇主（消费者）解决困难。雇主发布任务，他的需求待满足。若你能完全满足需求，你就可以直接赚钱了。这意味着，多劳多得，不劳动肯定一无所获。

7. 做威客除了要展示之外，你还必须考虑最重要的价格问题。雇主为什么会盯上威客找其做事？为什么不在身边随便找些人做？为什么会找你做？很大程度上是出于价格上的考虑。例如，一个企业，一个公司，雇用一个员工每天的工资是100元，还要付出很多福利并承担劳动法风险，员工只能完成一件事。但现在找威客做事，也完成同样的事，也同样付出100元，却不必付出很多福利，也不用承担法律风险。因此，做威客应该学会算账，价格的优势不能忽视。

8. 做威客需要人气旺。其实也可以帮自己写写软文，自我推广和展示，然后到威客论坛、博客、微博等地方发表，让大家关注你。只要有了人气，自然就有了财气。

9. 选择团队作战，赚得更多。熟悉威客领域的威友无妨采用团队的形式参与。多招几位有能力、有实力的朋友，大家一起合作，参与投稿、报名、展示自我，这样信誉和实力就更高了。人多了，大家还可以明确分工，可以有人负责做任务，有人负责做推广，有人负责找任务或处理日常事务。这样会赚得更多更快。

威客是立足平台、依赖平台的，因此需要借助平台的广告位进行宣传，只有这样才能带来流量，带来客户的咨询，最终促成交易。每个威客入驻平台都会有自己的店铺，装修店铺就是第一要务。第一印象很重要，威客的店铺就是威客留给客户的第一印象。俗话说人靠衣装佛靠金装。一个装修细致、美观的店铺总会让客户流连忘返，在很大程度上会促成交易，一个不注重装修的店铺，虽然也会做起来，但是会在不经意间错过很多重要客户。

在一品威客随意浏览一些装修好的店铺，就能明白它们的交易量为什么会保持在前列。打开常青店铺就会看到："服务类型：文案写作、项目策划、平面设计、书籍装帧、家居装修、商标与宣传品设计。"这句话将自己的服务内容清晰地展示出来，其次是该店的三个优势："我们有专业的团队、我们有专业的技术，我们有专业的人才。"当客户浏览时就能很清晰地知道，这个店铺符合自己的服务需求。

楚楚文案店铺中写着"诚信、专业、用心、负责"，简单的八个字展示出了品牌的内涵与追求，浏览时会第一时间对品牌产生一种认同感。这几个字虽简单，但承载的不正是客户所寻找的品质吗？但是其不足之处是没有将工作与服务的内容展示出来。

装修店铺的时候不仅主界面要漂亮，更重要的是要把案例展示出来。据一些威客获得的统计结果，在平时的咨询中，有90%的客户都会问有没有之前的案例可以看，无论是大型的策划，还是小型的文案，如演讲稿、软文、广告语，客户都想看到以前的案例。装修店铺的时候将案例展示出来，当客户问到以前的案例时，就可以及时地拿出来，以增加客户与威客合作的机会。客户看以往案例就像单位招新员工一样，他们更希望找到一个有经验、有能力的人来合作，所以要注意包装。在一品威客上随意点开工作室的店铺，有些是中过几次标却没有开通商铺的威客。在装修上远远落后其他人，在业绩上要跟上别人会更有难度。

在平台上要积极参与各种活动，每个活动都是一次展示品牌的机会，可以让更多的人知道品牌。有大型的活动时，平台一般都会给每个威客发一封站内信，当收到活动提醒的时候，只要是适合自己的都应去参加，每次参加活动不仅是对自己的提升，更能增加曝光率。一个很早前就做得很优秀的威客曾说："很多威客都不主动，甚至不愿意参加各种活动，其实参加活动也是一个机会。虽然参加活动会花些时间与精力，但是它的回报却远远不止这些，它带来的是无形资产。"因此，威客们要积极地参与平台的活动。

威客网站的一位员工冯倩介绍她的体会时说："流传于网络的接单技巧往往忽视了一个至关重要的问题：'我求人'远远难过'人求我'。你去找客户，选择权在客户手里，所以你费尽九牛二虎之力也不一定能拿下单子，那么假如让客户主动来找你呢？那样角色就调换了，选择权在你手里，你甚至可以用'最近实在太忙'去推掉单子。客户主动找上门，说明他已经对你的专业能力有了相当大的信心，设计公司和客户之间极其重要的信任感已经在你见到客户之前开始建立，这样一来，威客需要说的就不再是'我很优秀你选我吧'，而是'我们怎么才能一起把设计图做好'，这样做省时省心省力，还有超好的效果。"

那么，怎么才能让客户自己找上门？答案可以说得很简单，那就是提高自己的知名度。也可以说得很复杂，那就是通过各种途径提高自己的知名度。知名度有了，必然不乏客户慕名而来。

提知名度不一定非得打广告，善于运用威客网站上的资源可以让威客免费打广告。一品威客有别于其他平台，品牌推广在首页占据了几乎三分之一的版面。这样强大的站内宣传在国内设计网站中实属少见，网站日均10万IP的访问量能将设计公司的品牌知名度轻松提上去。一品开办的"首席设计联盟"不仅将设计公司知名度提了上去，而且让其能长久地保持下去，防止出现设计公司一夜爆红又一夜跌落的"昙花现象"。在网站的名气有了，加之专家的权威认证和专属客服推荐大单客户，你至少可以在这个网站混得风生水起。

设计公司不太可能自己去找新闻媒体报道自己，其实还有一个窍门：几乎所有的知名设计网站都与各大媒体有稳定合作，比如一品威客就与台海网、东南网、腾讯网、新浪网、凤凰网等门户网站合作甚密，如此一来不仅形成360度全方位营销的有利局面，而且使需求者能够通过百度等搜索引擎找到设计公司，这便实现了我们“让客户主动找上门”的初衷。

现在大部分人都把网站优化的精力放在了网站外链上，甚至在网站优化的排名上拼的也是网站的外链数量，不可否认，网站外链在网站优化中的确起到了很大的作用，毕竟网站与网站之间、网站与互联网之间是靠链接联系在一起的。然而，我们也不能盲目地去发布外链，高效、有针对性地发布外链才能在最短的时间内获得最大的效益，因此，外链建设也需要有的放矢，才能事半功倍①。

1. 分析竞争对手的外链。把与自己相关性强的前几个站点网址记载下来，然后经过站长工具来查询对方站点的外链资源，还可以让我们更精确地去查找敌手网址的外链，从敌手网站查出网站外链来源，然后进一步剖析并记载下来。此外，我们也可以经过这些站点去拜访友谊链接，然后记载友链的QQ号，为今后增加友谊链接铺好路子。

2. 建立博客外链。多多养博客，给自己的站点树立几个有威望的博客，例如说新浪、搜狐、百度等，然后经常复制网站内部更新的内容，进行博客更新，日益积聚也是一笔不小的外链财富。

3. 建立论坛签名外链。为什么要做签名呢？关键原因在于有很多论坛、贴吧类的网站不允许新注册用户或者低等级用户发布带有链接的文本或者网址。但是很多论坛都是可以在签名处加入锚文本链接的，在链接当中，

① 资料来源：郭华贵。

搜索引擎最为注重的也就是锚文本链接，所以说我们也要多多搜集论坛资本，常常活跃在里面，然后在签名处填入网站链接，结果也是不错的，特别是一些大型论坛也都是允许这样做的。这些资源一方面靠本人搜集，一方面靠剖析敌手来获取。用百度搜索地名加“论坛”，全国几百个省市，我们如果一一查找，这何尝不是一笔不小的论坛外链财富呢?

4. 选择高权重网站。大家都知道，到权重高的网站发布外链，可以有效地分流它的权重，增强搜索引擎对自己网站的好印象。平时可以多去天涯问问，搜搜问问，360 问问等等。

然而，在谈完以上的几点之后，还要说说最重要也是好处最多的一种方式：软文推广，这是有一定写作水平的人最喜欢的一种方式，它的好处自然是最大的，从外链发布的效果来看，它可以排名第一位，为什么这么讲呢？用软文投稿的形式来发布外链，可以利用很短的时间，创造出很多的高质量外链，通过在各大知名网站上发布软文，加上其他网站的采集发布，就意味着有大量的网站为你的网站做单项导入链接，在外链的广泛性、曝光度、数量上都能获得很大的提升。但是软文投稿需要一定的写作能力和对知识的把握。综上所述软文在外链推广中起到的作用可想而知。

付出才有收获。外链可以为网站带来的好处会超出你的想象，曾有这样说法：内链为皇，外链为王。由此可见外链对于一个网站的重要性。

用社交媒体擦亮品牌

威客要有营销意识，利用各种社交化媒体，如微博、微信等，不断地扩大品牌的知名度，要将社交网络营销战略和产品价值定位、品牌故事联系起来。社交网络正处于飞速发展演变的时期。一旦你自己开始用，就会思考如何更巧妙地利用这个平台为自己服务。要仔细思考你的顾客是谁，通过移动营销策略，你还希望哪些人群能加入你的顾客圈中。什么办法能吸引他们的注意力，提高他们的忠诚度？一定要着手尝试。去了解你的顾客们都喜欢什么。

现在人们已经进入移动互联网时代，截止到2013年10月底，我国移动电话用户总数已突破12亿，3G用户占比达31%①，越来越多的人开始用手机上网，手机用户已经成为未来最大的客户群体。正如马云所说："未来最好的生意是流动的店铺，流动的老板，人就是门面，嘴就是营业窗口，缘分就是顾客，手机就是收银台，生意就在游山玩水间接洽，成交就在谈笑风生中雄起，你若有缘就可以早点成为赢家！"可见，当你的产品出现在客户手机里时，你就已经成功一半了。

不少平台商铺的产品都已推出手机优惠价，威客也要适时地设置自己商品的手机价格。例如，一个商业计划书的普通价格是3 000元，手机价格却优惠112元，这样就会吸引手机用户去购买，从而跟上时代的步伐。

近几年微博营销比较火，各大公司都建立了自己的微博，政府官方也建立了微博，作为威客更应该建立自己的微博。在百度上搜索文案工作室的微博会有2 750 000个结果，可见有多少文案工作室已建立了自己的微博，这些工作室在微博上发布最新的写作信息，从而吸引客户。如果你是威客，到现在还没有建立自己的工作室微博，就有些落伍了。

自从微信发展以来，对微博多少会有些影响。目前微信营销已成为营销的主流趋势之一，在每天客户的咨询中就可以感受到微信的影响，很大一部分的文案都会用于微信发布。微信已经成为各行各业的营销法宝，威客一定要及时地建立自己的微信账号，让客户关注微信。让越来越多的客

① 工信部运行监测协调局，2014年10月。

户关注你的微信，你有任何促销活动直接发个微信，就会产生不小的关注度，从而促成交易。微商的影响力都可以感受到，借助好的营销工具，威客也会拥有更多的客户。

2012年12月11日，杜蕾斯微信推送了这样一条微信活动音讯："杜杜现已在后台随机抽中了10位幸运儿，每人将获得新上市的魔法装一份。今晚10点之前，还会送出10份魔法装！如果你是杜杜的老兄弟，请回复'我要福利'，杜杜将会持续选出十位幸运儿，敬请等待明日的中奖名单！悄然通知你一声，假设世界末日没有到来，在接近圣诞和新年的时分，还会有更多的礼物等你来拿哦。"[①] 活动一出，短短两个小时，杜杜就收到几万条"我要福利"，10盒套装换来几万粉丝，怎么算都划算。微信活动推广的魅力在杜蕾斯这里被演绎得淋漓尽致，免费的福利谁都会不由得多看两眼。

现在像上面这样的微信信息已经数不胜数，然而最先尝试的一定是收益最大的。营销不是墨守成规，还需要不断创新、不断超越、出奇制胜。创新也是每个威客终生追求的服务目标。

不论威客选择何种营销方式，营销一定要跟进、要持续、要坚持。三天打鱼，两天晒网难以看到期望的营销效果。采取的方式可以是一个月发上10次信息，如3天更新一次，信息的质量要高，要吸引客户。经过客户允许，可以把之前做过的一些案例放在微信上宣传，一般宣传文案客户是非常愿意的。在发信息的时候要注意不能总发一些关于自己的直白的宣传文案，那样时间久了，关注的人就会烦。发出的信息要对别人有用，或是幽默的，在最后附上自己的微信账号，别人愿意看，这样才能转发，从而起到好的营销效果。

海尔有一句话，"没有成功的企业，只有时代的企业。"同样，没有成

① 杜蕾斯官方微信。

功的品牌，只有时代的品牌，与时俱进，才能自信从容。时代在发展，营销工具也在不断创新，昨天是微博，今天是微信，明天将会是什么呢。不管怎样变化，只要有新的事物出现，就要积极地尝试，这样才能更好地提升自己的眼界！

下面是用社会化媒体提升品牌的十六大有效招数：

十六大有效招数①

策略 1：持续聆听，获“赞”关键

在社会化媒体中，聆听是最重要的技巧。

实战招式：

1. 写下五句人们会使用的句子，让自己能辨认出他们是你的潜在客户。

2. 使用微博、人人、优酷这类网站去搜寻你的品牌、竞争对手、产品和服务。

策略 2：清晰设定目标客户

实战招式：

1. 写下一段有关理想目标客户的描述。尝试非常精准地定义你的顾客或潜在客户。尽量详细地描述你的顾客的外貌，还有你希望他们成为的样子。

2. 一旦定义了你的客户，就开始在社交网络上找他们。看看有多少人符合你写下的条件。如果你是在 B2B 的平台里，利用 Linkedin 的职位名称或行业寻找。利用其他的平台去寻找你认为顾客会谈论的事。

---

① ［美］戴夫·柯本：《超赞营销：社会化媒体擦亮品牌》，北京，中国人民大学出版社，2012。

策略 3：想客所想，将心比心

你可以制造一些人们确实想收到的信息，而不是制造困扰。发出每个信息前问问自己：

——接受信息者是否觉得这些信息真的有价值，还是会觉得不耐烦和困扰？

——如果我是消费者，希望接收到这些信息吗？

实战招式：

1. 写下典型客户所喜欢的事情。关注他们喜欢你或你的业务的任何理由，焦点要放在他们的兴趣上。如果你是消费者，看到什么内容时会去按“赞”？写下十个让人喜爱的理由。

2. 从你以往的成功营销数据中提取灵感，重新编排，让它更适用于社交网络，使数据变得更有价值、更吸引客户。信息要简短、清新，而且是你作为雇主时想收到的，而不是以营销者角度寄出的数据。

3. 展开一个如何创造有价值内容的计划。这些内容不仅适用于社交网络，更适用于所有营销企划和沟通。试着从雇主而不是一位推销者的立场去思考，你会在邮件推广、直销邮件、网站内容和广告上做出什么改变？在所有的沟通中，你能否创造出了更佳的内容？

策略 4：寻找头号粉丝

这个标题的潜台词其实更加关键——不要只让顾客去赞你，让他们分享为什么要赞你，记住：一切以他们为主，不是以你为主。

实战招式：

1. 与你的团队一同创造你的价值主张，不是为了销售业绩，而是为了一个“赞”。雇主为什么要赞你？你能给他们带来什么？

你如何把这价值诉求提炼成一句简单易记的行动口号？你能提供给对方什么有价值的主张？

2. 构思一个 15 秒的视频演讲，告诉你的顾客或任何可能遇到的人，为什么他们要在微博、微信朋友圈里赞你。要确定，假如你是雇主，这个理由能让你产生共鸣。

策略 5：真诚对话，赢取人心

在没有营销产品的环境下与粉丝对话，将决定你的社交网络的辐射范围有多大。讲简单点就是通过社交网站去建立一段长久的关系。

策略 6：回应劣评，化危为机

正视负面评论，快速反应，永不删除社交网络上的评论。绝对不能置之不理。

应对的方法简单来说就是，先公开回应，再私下跟进。“致歉”不代表承认过错，摸清顾客的网络影响力，将敌人变成粉丝，并且“以惊喜作为补偿”。

策略 7：分享顾客的满意经验

你应该拥抱最快乐的顾客。因为他们提醒你做得好的地方，这就是你企业的取胜之道。说“谢谢你”也可以说得很不一样——要用顾客的语言对话。

实战招式：

1. 制定一本专门回应顾客的社交品牌圣经，并选择合适企业的品牌个性回应顾客。有趣？严肃？个人化？专业？根据这个品牌个性，写下你对一位快乐顾客说“谢谢”的几种不同方式。

2. 根据你对现有顾客、粉丝、企业追随者人数的了解，安排你所需要的资源，回应每位在社交网络上发问或者发表意见的顾客。你的员工会怎么做？你会请企业内部处理，还是雇用外面的厂商？晚上和周末应该如何度过？

3. 决定一套正式或非正式的奖励计划，回馈最忠心和最具影响力的顾客，增加他们正面的口碑推荐。你可以提供什么资产？你又有什么期望？你能够如何保证他们会去让朋友知道，你们的交换条件是什么？

尊重加惊喜，赢得粉丝心。

策略 8：以真诚感动客户

其实，这里说的真诚指不要用如冷冰冰的机器一般的语言和人对话。秀出同理心。

策略 9：增加透明度，带来信任

不要假扮顾客，只要增加一点点透明度，就可以增强潜在客户对你的信任，并得到客户的长期承诺。可以让企业总裁成为品牌透明度的最佳代表。

策略 10：搜集顾客意见

问题更容易引人回应——你随时可以问社群的五大问题：

1. 你想在这里看到什么？
2. 谁对你的启发最大？
3. 你认为我们产品最有趣的地方在哪里？
4. 你何时第一次使用我们的服务？
5. 为什么你喜欢这个网页？

而从问题中创造的营销价值包括：

——帮助你引导社会化媒体中的对话

——证明你重视公开、诚实和反馈

——表明你在乎客户的意见

“张贴问题或以其他方式及时反馈信息的参与率，是直接发布信息的六倍。”

实战招式：

1. 写下一个顾客经常讨论主题的列表。尝试写出与你的品牌或企业有关的话题，同时，也写出一些与你的品牌无关的话题。你的雇主喜欢谈论什么？什么可以让他们产生一次热烈的讨论呢？

2. 你会向粉丝提出什么问题来洞察他们的需要？你可以怎样更好地服务你的顾客？如果你的组织在过去曾做过市场调查、考察或焦点小组测试，你可以考虑把这些结果汇总成一幅社会化媒体的线路图。

策略 11：免费发放有用的信息

分享你的专业知识，不带任何宣传的味道，这样做可以为自己创造更好的名声。这里有两个关键词，免费和有用。

5%的折扣是侮辱，那可以发什么有用的信息呢？其实蛮多品牌的微博和微信都在推广连锁餐厅，分享好味道的餐厅食谱。

地产商可以分享房地产信息，从房地产最新文章到法律修订，它们什么都做。

搅拌机公司则可以自制搞笑短片。

实战招式：

1. 通过头脑风暴，写下所有你认为可以为目标受众提供的有用的内容和方法：什么最能帮到你的顾客？是信息、娱乐、功能还是这些都有可能？

2. 写下你的企业最能胜任的计划，从而为你的群众在社交网络上提供有用的内容。这些内容是通过你写的博客文章、视频、游戏或应用程序发布，还是基于一个你特别设置的主题，通过在网上咨询来分享？

3. 发布几则你认为顾客会觉得有用的内容。可以找一两个朋友来测试一下。

策略 12：有趣的故事是社交的本钱

讲述你创业起落的传奇故事，甚至用微电影来拍摄。

策略 13：鼓励粉丝分享故事

让他们分享自己的故事，给予奖励和表扬。

实战招式：

1. 定义你的 WOW 因素，你的产品或服务在哪些方面有真正的讨论价值？如果目前还没有 WOW 因素，你将采取什么措施来为你的产品、服务或流程构建 WOW 因素？

2. 定义你最热情的一个客户群体。他们是谁？他们玩什么社会化媒体？你如何能够接触他们？你能够提供什么工具和机会给他们，从而鼓励他们分享自己的故事？3. 决定有没有奖励，如果有的话，可能会促进顾客为你提供更多的启发和树立好的口碑。是否以表扬和奖励的方式来鼓励顾客分享？竞赛、促销或赠品是否有助于推动人们分享？偶尔个人的、直接的线下互动又如何？

策略 14：社会化媒体，结合顾客体验

确保你的顾客体验是可以获赞的，比如美国有一家脊医诊所，主打“不用等的体验”，鼓励顾客通过 Facebook 或手机程序预约时间，然后点赞并分享给朋友。顾客会因为分享而获得额外的折扣。

策略 15：善用社会化媒体做广告，效用惊人

简单说就是精准定位后做广告——星巴克广告推动销售，把粉丝引至星巴克的实体店铺中。“活动”包括免费糕点日、星冰乐欢乐时光、新 VIA 样品庆祝活动。

策略 16：惊喜不断，粉丝誓死追随

为你的雇主和潜在雇主带来价值和喜悦，在他们有所需要时会记起你。当别人有所需要时，他们也会推荐你。

实战招式：

制定策略，如何可以在社会化媒体上超越顾客的期望，给他们惊喜？站在消费者角度写下五个能令他们感到惊讶的行动。

品牌的情感营销

任何行业的品牌都不计其数，也参差不齐，但是有温度的品牌却并不多。有温度的品牌就是能触及客户心灵的品牌，能在某一点上感动客户的品牌，能让客户想起品牌的时候心里充满温暖与感动。对于威客来说，想要使客户记住自己的品牌，就必须要从情感营销开始，品牌的情感营销与品牌定位、品牌文化、品牌广告语、品牌服务紧密相关。

做品牌的关键是要了解客户需求，挖掘客户对产品感兴趣的某一点，如果品牌能巧妙地结合客户的需求与兴趣点，就能树立一个明确的、有别于竞争对手的、符合消费者需要的品牌，从而更好地激发消费者对品牌的向往。例如，某文案工作室的定位是专做文案，某品牌设计工作室的定位是专做品牌设计。有些工作室是既做文案，也做设计，结果给客户的印象就是在文案界是做设计做得最好的，在设计界是做文案做得最好的。威客市场很大，要定位好自己的品牌服务，不是什么业务都接，而是要做自己最擅长的领域。只有最擅长的领域才能做出特色，才能做出创意，才能让客户铭记品牌，这也是正确的品牌定位策略。品牌定位也要讲求技巧，一提到可乐，客户认可的不是百事可乐就是可口可乐，很多新的可乐品牌始终没能进入客户心中，以失败告终。然而七喜品牌却以“非可乐”定位，巧妙地从另一个角度与两种品牌挂上了钩，使自己提升至和它们并列的地位，赢得了市场。

拥有正确的品牌定位后，就需要品牌文化继续给品牌注入长久的生命力。卖产品就是卖文化，客户买东西也是在满足其内心的文化需求。正如法国文化部长郎哥曾说：“文化是明天的经济。”品牌之间的竞争表面上是产品和服务的竞争，其实深层次是文化的竞争。现在越来越多的品牌开始注重品牌文化的建设，终究是为了达到“感动消费者的情感营销”目标。不论客户拥有何种文化背景，他们的情感世界却是相通的，包括亲情、友情、爱情等元素。借助文化的情感营销最容易引起消费者的共鸣。情感文化营销首先要了解消费者现在的情感需求，因势利导，使品牌能强烈地触发消费者心中的“情感情结”，并与之完美地融合在一起，从而引起消费者的共鸣和认同，最终使消费者对品牌忠心不二。猪八戒网上著名的千树品牌设计有限公司，2014 年的销量突破 700 万，在其主页上，该公司这样写道：“数字书写奇迹，千树感谢有你。有你，惊喜从天而降。有你，梦想发光发亮。感谢你，给我们力量。只要有你，平凡也有奇迹。”简单的几行字展示着品牌对客户的感恩，让客户看到这是一个让人感觉温暖的品牌。不仅如此，千树品牌还热衷于公益事业，先后为壹基金、重庆残联、西昌等公益机构免费提供多次品牌服务，该公司表示：“唯一能真正改变苦难的，只有爱。”这是一个不仅有爱的品牌公司，更是一个有社会责任与担当的公司，让客户自然对品牌心生信任。文化营销就是这样容易让客户在心理上主动地认同产品形象，从而认同产品。

文化营销不是直白强硬的广告，而是与客户进行心灵沟通的广告语。王老吉的销售业绩几乎每年都能达到一两倍的攀升，实现了 200 亿元甚至 300 亿元的单品销售额。迄今为止，中国营销界还没有一支团队能够像王老吉那样，在短短 6 年时间里，将全国适销渠道和适销人群的消费潜力挖掘得如此透彻，它堪称营销的典范。“怕上火，喝王老吉”，这不仅仅是一句广告语，甚至已经成为中国人的一种生活方式。通常人们只看他们愿意看的事物，广告之所以是促销的有力武器，就在于它不断向潜在顾客传达其所期望的奇迹和感觉。在现代快节奏的工作中，很多人都宁可花钱找人做事，或是写文章，或是做设计，威客可结合这种服务趋势，创造出适合自己的广告语，让客户只要有需求，就会想到某个品牌。正确的广告语向客户传达一种情感诉求，效果往往是惊人的。正如红罐王老吉成为预防上火类饮料的代表，在该品类成长的时候，它自然就会获得最大的收益。

广告吸引来客户，服务就需要留住客户，吸引他们二次消费。美国哈佛商业杂志曾有一份研究报告指出：“相较于初次登门的顾客，再次光临的顾客可为公司带来 25％～85％的利润，而吸引他们再来的因素中，首先是服务质量的好坏，其次是产品本身，最后才是价格。”在快节奏的现代社会中，同类产品质量的差异越来越小，提升服务质量成为提升竞争力的重要因素之一。希尔顿是国际最知名的酒店管理公司之一，它的服务很周到、很细致，可以让客户铭记于心。在希尔顿酒店前台办入住手续时，服务员会说：“某先生或小姐，欢迎您第五次入住酒店。”在客户用餐时会根据其喜好，提供个性化的服务。如客户喜欢玫瑰，便会在客房看到玫瑰；如客户喜欢吃辣椒酱，在用餐的时候服务员会主动送上。希尔顿酒店会对所有客户进行档案管理，从而达到个性化服务的目标，使客户在酒店如同见到老朋友一样亲切。希尔顿酒店像对朋友一样对待客户，客户同样也会感受到他们的用心，从而也就为他们带来了源源不断的客流。

美国品牌研究专家拉里·莱特曾说：“未来的营销是品牌的竞争——品牌互争短长的竞争。”只有准确地定位品牌，持续地加强品牌文化的建设，通过具有灵性的广告语持续宣传，坚持细致入微的服务，才能长久地吸引客户，引起客户的情感共鸣，最终使客户成为品牌忠诚的粉丝。

优化推广服务

刘勇是一品威客网推广部的一名优化人员，平时负责与 VIP 会员确认店铺优化推广的关键词。相对平台的任务资源与雇主数量来说，通过优化推广进入 VIP 商铺的资源，可以说是九牛一毛，但优化人员还是通过尽心尽力的服务，提供全方面的优化帮助，使 VIP 会员的接单能力更上一层楼。

百度关键词优化推广，只是威客网站提供给 VIP 会员众多服务中的一项。相对其他服务来说，百度关键词优化推广服务并不很突出。

很多人可能会想到，百度关键词优化推广服务，不就是从各大搜索引擎自然搜索结果中获得网站流量，导入 VIP 的商铺中吗？从传统的角度上看，的确是这样的，但一品威客网推广部优化小组提供的优化推广服务，绝不仅限于这些。除了流量的优化之外，还提供视觉的优化，效果的优化、服务的优化等。不仅帮 VIP 会员引入搜索引擎的流量，还帮助威客提升流量的有效转化和服务水准。下面看看这些特殊的优化吧。

视觉的优化

很早之前，当时部分 VIP 会员反馈，会员商铺开通后，他们排名更靠前了，投标也更具优势了，但流量比之前作为普通商铺时，并没有太明显的增长。当时优化员也不太清楚原因，就对比那些“VIP 问题商铺”与那些情况比较好的 VIP 商铺，发现一个很明显的不足，那些“问题商铺”还是和之前作为普通商铺时一样，没有经过太多装修，甚至主图都是一品威客网默认的图片，试想一下，雇主会愿意进入这样的商铺吗？

优化员为威客提供了以下的建议：（1）商铺主图要精心设计，要体现出专业性；（2）店铺的 banner 图片要有吸引力，要宣传自己的优势；（3）店铺整体风格要协调，给人高大上的感觉。后来威客们将我们给出的建议进行逐一优化，他们的商铺流量也得到了显著的提升。所以说人靠衣装马靠鞍，视觉的优化对提升流量是很有帮助的，这也是我们的优化服务之一。

效果的优化

对于流量转化的优化，源于刘勇自己的体会。2012 年底，当时他的朋友有一个应用软件项目要开发，委托他找有实力的公司，刘勇就发了一个招标任务，当天就接到了很多威客的咨询洽谈，通过电话沟通觉得有一个威客还不错，价格和开发周期也有满足朋友的要求。但随后进入该威客的商铺进一步了解时，发现并不是那么让人满意，店铺虽经过一定的装修，但很多地方都不完善，没有上传案例，发布的服务没有详细的介绍，团队风采没有展示，特别是开店半年没有一个交易记录，刘勇当时第一反应是，这威客根本不像有实力的公司，于是就拒绝了这个威客。但后来他又打电话过来，让刘勇去他公司了解一下，因为都在软件园里，离得不是很远，就约了个时间和朋友一起去他们公司，通过实地考察发现这家公司事实上是很不错的，有 30 多个员工，展示了一些大的应用软件开发案例。在洽谈完决定合作之后，刘勇特意提到自己看到他们商铺时的第一反应。对方解释说，因为他们公司大部分业务都是线下的，平台上偶尔有些任务，也会在洽谈之后进行线下交易，所以并没有重视商铺，也没有交易记录。

刘勇给他提供了以下建议：(1)上传丰富的案例，让雇主看到公司的实力；(2) 发布详细的出售服务，一方面方便雇主了解公司的服务内容，另一方面也可以通过服务列表多引入一些流量；(3)要重视团队风采，介绍一些有实力的团队成员；(4)交易一定要选择线上交易，有了交易记录和交易好评，雇主才更相信公司的能力，而且也打消雇主担心线下交易有风险的顾虑。在这一系列的改动下，会员商铺的竞争力得到显著提升，直接雇用他们的雇主越来越多，引起了他们公司的重视，特意成立了一个小组负责一品威客网的业务。所以说，流量是多是少并不是最重要的，最重要的是你能争取到多少转化，威客们应当重视转化效果的优化。

服务的优化

在和 VIP 会员确认优化推广关键词时，需要通过电话或 QQ 与 VIP 会员联系，有时候就会发现，整个会员商铺中找不到联系方式，或者联系方式太单一，只有电话或者 QQ 可以使用，要不然就是把联系方式放在很不显眼的地方，不仔细找很难发现。好不容易找到联系方式，有时候却联系不上，比如电话无人接听时未做转接，联系 QQ 要先加好友，有时候咨询得不到及时回应，也没有做任何自动回复。假如我是一名雇主的话，那我肯定会选择其他威客。

针对以上那些问题，刘勇又提出了一些优化建议。(1)在显要位置，放置尽可能多的联系方式，方便雇主的联系；(2)下班时公司电话要做好来电转接，24 小时方便雇主联系；(3)QQ 开启临时对话功能，即使要加好友，也要设置为默认通过，方便雇主第一时间与公司取得联系；(4)离开电脑时，QQ 要设置自动回复，简单介绍一下服务业务、并提供其他联系方式；(5) QQ 签名、简介中也要简单介绍一下服务业务并提供其他联系方式，这样一来，QQ 不在线时，用户还能通过其他方式联系您。当然还有更多的优化细节，这里就不详细说明了，总之要提供方便且及时有效的服务，才能抓住更多商机。

威客网站的优化部门就是通过提供全方位的优化服务，从装修引流，到接单咨询，再到任务转化，让一切变得更加完美，使原本很一般的关键词优化推广服务变得不再简单，做好这些优化，给威客们带来的不仅仅是一点点流量，而是全方位竞争力的提升。

案例：VIP 商铺如何做搜索引擎关键词排名

一品威客 VIP 商铺搜索引擎优化人员应长亮，给威客们介绍 VIP 商铺 SEO 优化的一些小技巧。

现在国内主流的搜索引擎包括百度和 360；两家所占的市场份额大于总搜索流量的 90%。想要让你的一品威客商铺的关键词能在搜索引擎中具有良好排名，VIP 商铺店主可以通过以下几点着手优化自己的店铺。

美化自己的店铺；制作好店铺的标题（Title）、关键词（Keywords）、描述（Description）三要素；将店铺内容描述制作好；标题、描述、内容描述中最好能够包含所要优化的关键词。

在各大论坛、博客、SNS 社区以及百度贴吧、搜搜问问等地方发布店铺信息；并附上自己店铺的链接地址；这样既能够在各大外网平台发布自己店铺的信息，又能够增强店铺关键词排名。

一品威客站内搜索本来就是一个小型搜索引擎；所有与威客相关的信息和店铺信息，都能通过关键词搜索到，那么如何让用户搜索任务人才的时候第一个找到你的店铺呢？这里有几点秘密算法和大家分享一下。

VIP 商铺店主可以通过我们的攻略频道 http：//www.epweike.com/gonglue/及 VIP 经验频道 http：//www.epweike.com/vip/story/发布自己的经验分享；并带上自己店铺的链接地址。一品威客会定期筛选优秀的威客文章在首页底部进行推荐，如果你的文章被一品威客所采纳，对你的商铺排名是有非常大帮助的。建议威客定期编写攻略（一周一篇高质量即可），以便维护商铺永久排名。

及时与你的威客雇主进行互动，可在任务详情页面中进行高效互动，加强页面更新力度，让一品威客引擎知道你在维护自己的任务。

想尽办法加强店铺的交易额和交易笔数，这类似淘宝的排名算法，可以很有效地推动店铺的排名机制。

08

目前威客领域存在的问题及未来的发展趋势预测

目前威客存在的问题

1. 智力成果标价问题。从互联网的现状看，用户虽然提出大量问题，但为求得这些问题的答案而愿意付出现金的意愿并不高，那些用户愿意支付超过一个货币单位以获取答案的问题只占总数很小的比例。按照二八原则，只有20%的提问者愿意支付超过一个货币单位的价格征求答案，而超过80%的提问者还需要通过互联网原有的方式获得答案。

2. 智力成果的分类问题。由于人类社会涉及的领域十分广泛，进行详细的分类很难，同时，如果分类太细，互联网使用者会感到非常不方便，如果划分太粗则会让使用者不容易定位到自己熟悉的领域。这一问题目前可以通过建立智力成果和各类问题信息索引的方法解决。

3. 智力产品的展示和试用问题。智力产品和实物产品在形态上有很大差别，实物产品可以让购买者观看后购买，但智力产品一旦让用户观看后就失去了价值。如果不让用户观看，用户会担心欺诈而不敢购买。这一问题可以通过建立用户信用体系的办法解决。

4. 智力产品的知识产权问题。智力产品在第一次交易之前知识产权归创作者所有，智力产品具有可多次重复消费的特点。第一次交易后，其他用户购买使用该智力产品时，存在产权问题。这一点需要威客模式网站制定相关的制度确认智力产品所有权和收益权的归属。

5. 威客模式中作弊的问题。威客模式中的作弊形式主要有两种：第一种是提问者提出问题后，根据回答者的答案用其他身份登录伪造出一个新答案，然后提问者选择自己的答案进行成交。第二种是提问者提出一个受人关注的问题，自己编制一个质量低下的答案，供大量需求者重复付费查看，这个问题同样需要建立用户信用体系加以解决。

在以上所说的这些需要研究解决的问题当中，第 4 个问题“智力产品的知识产权问题”是最受威客关注的。下面我们就深入讨论一下这个问题。

威客的知识产权问题

在互联网上出现的关于知识产权的问题，从根本上说，是由于互联网本身的结构性问题造成的，在新闻类网站、传统实物电子商务类网站和 BBS 网站上，互联网用户无法管理自己的信息，自己的智力劳动一旦发布到互联网上，自己就丧失了控制权，作品被其他网站和用户通过复制、剪切、超级链接等方式向整个互联网传播。博客类网站在某种程度上增强了互联网用户对自己作品的控制权，我们通过搜索引擎可以查出一个作品最初的出处在哪一个用户的个人博客中。但个人智力作品在博客网站中仍然呈完全开放状态，作者无法为自己的智力成果进行标价，其他网站和个人仍然可以通过复制、剪切、超级链接等方式引用博客网站中的作品。我们提到威客模式的成熟形态是悬赏系统、博客系统、自助定价系统和交易系统的组合体，因此作者认为具有相当价值的作品可以被自助定价。其他网站和个人必须付费后才能查看这些标价作品的内容。搜索引擎或其他网站通过超级链接将用户引导到该作品处，作者可以真正获得收益，而非传统上的一无所得。对于那些付费查阅后把作品复制到自己知识库并标价出售的人，在现行的法律上已构成盗窃行为，这部分人在实施这一行为时不得不考虑法律后果。

威客版权保护成为制约威客发展的一个重大瓶颈，如何对未中标作品进行版权保护，如何防止自己的创意被他人窃取，成为众多威客网站及威客们面对的问题。

《中华人民共和国著作权法》规定，著作权无须登记，作品一旦完成，无论出版与否，作者均享有著作权。

如何确认作品的著作权人，关键是著作权人能提供有效的原创证明，即在作品发布前就为作品的创作时间、作品内容等保留足够且不可否认的证据，以便在证明作品归属或著作权产生纠纷的时候有效保护自身的权益。

威客的版权保护需要从源头开始，即在发布作品前对作品进行版权保护，为作品的创作时间、作品内容等保留足够且不可否认的证据，通过第三方证明作品存在的时间和内容，从而在出现版权纠纷的时候拥有有效的证据。“手握利剑，他人不敢来犯”，拥有权威创作证明是威客版权保护的关键。

希望获取作品存在时间和内容的第三方权威证明，为作品加盖时间戳最为有效。时间戳由时间戳服务中心产生，时间戳服务中心时间由国家授时中心负责授时、守时。我国唯一的法定时间源确保了时间的权威性；世界公认工业标准的加密技术有效保障作品的在公开前的私密性。

根据《中华人民共和国电子签名法》及相关法律规定，时间戳可以用来作为法律证据。威客们对自己的创意作品进行时间戳保护后，可以放心发布作品，作品发布时可声明作品已受到保护，对企图剽窃、抄袭、侵权的行为进行警示和威慑，当侵权情况发生时，通过已申请时间戳的作品及对应的时间戳（有力的法律证据）依法维护权益，对违法行为给予严惩。通过时间戳保护之后，在网络上的大量威客落榜标，可以被重新利用。由于版权受到保护，可以对它们进行展示和再出售。也许中标就几百块钱，说不定落榜后再次中标的时候就是几千元，一切都有可能。

威客交稿：公开好还是隐藏好

目前的威客网稿件公开制度已得到行业认可与肯定，这是威客网一个历史性的转变。

当然，也存在例外，猪八戒网的交稿形式根据雇主发布的需求和行业而定，如一对一模式、网建开发都不是公开交稿的。

关于稿件公开与否是威客网在不同阶段采取的策略。在网站开始创办阶段，可以隐藏稿件，这样做的目的也是为了吸引威客。但网站一旦发展到一定规模，就必须采用公开交稿。下面根据采用不同交稿形式的利与弊，做几点分析，然后根据利弊来提供相应的解决方法。

公开交稿的利

1. 增强了用户互动性。网站发展需要注重用户体验。用户体验包括用户满意度、用户方便度等。网站只有给用户带来切实的帮助，才能留住更多的用户。这就是我们所说的互动性。公开交稿扩大了网站用户的互动性，使得用户与用户之间，用户与客户之间建立了良好而融洽的关系。社会是人际关系的社会，网络也是人际关系的网络。只有在互动中，才能提高，才能发展。

2. 公开增强透明化，阳光作业。网络江湖纷繁复杂。有小人也有君子，究竟谁是小人谁是君子，这在网络上是有一定体现的。公开交稿使得稿件透明化。如果有发布任务的客户作弊，那么千千万万个参与任务的威客就一定会举报出来。网络只需根据威客投诉的证据，进行量刑处理。如果威客抄袭作弊，那么同样也会被举报出来。我们可以从威客的心理来分析，没有谁会让自己的稿子白做。因为他参与这个任务，必定有所求，至于所求的大小，取决于他个人的期望值以及稿件的质量。

3. 公开交稿繁荣了网站，稳定了网站的流量，提升了客户对网站的喜爱度。公开交稿后，威客会对每一个自己交稿的任务认真关注。并且会认真参与每一个任务，因为他知道，如果他随意交稿，可能会被封 ID 或 IP 等。如果他的 IP 是固定的，那么他将一辈子上不了猪八戒网。这对威客是不划算的。所以威客会认真地交稿。客户看见威客认真地交稿，必然喜欢。而随着客户之间的交流，就会在无形之中带来更多的客户，这就是公开交稿所带来的连锁效应。

4. 公开交稿增加了威客对威客网的感情，增强了他们对网站的认可度与拥护度。如果没有威客网，威客就没地方玩了。如果遇到一个虚假的威客网，威客就白玩了。如果威客网提供一个公平、公正、公开的环境，大家都乐意玩。如果你玩得不好，那么就是没水平、没技术或者没本事。这在无形中使得威客认识到了自己身上的不足，努力提高自己的知识水平与技术本领。同时也就增强了对网站的感情。

5. 公开交稿繁荣了智力产品市场，丰富了知识。每个人一个想法，可以在威客网充分地表现出来。公开交稿就像“分田到户”，只要你努力干，你用心干，你就能收获很多。

6. 公开交稿是任何一个威客网发展的必然趋势。发展到一定阶段的威客网，不采用公开交稿，只会一步步走向失败。

公开交稿的弊

公开交稿总的来说，利大于弊。而且，只要相应的管理与政策到位，弊端很多是完全可以转化成优点的。以下来讲述几个弊端和与之对应的解决方法。

1. 抄袭创意还是借鉴创意难以判断。这是比较专业的问题。两个创意出来后，有相似性，究竟是借鉴还是抄袭呢？这个需要看创意者的思路。每个创意都是有思路的，如果一个创意的思路非常清晰，与另一个创意截然不同，那么可以初步断定为借鉴。当然这个方法毕竟不是经常管用，有很多的方式可以被用来进行鉴别。可以把这些问题留给设计师们自己去解决，认真地听取他们内心的想法。

2. 关于知识产权保护的问题。很多威客不支持甚至反对公开交稿，那是因为他们害怕自己的点子会被别人借鉴。其实他们没有意识到，当自己的点子在网站公开后，网站就已经在几十万威客面前认证了他的点子。如果有人抄袭他的点子，他完全可以拿知识产权武器保护自己。向威客管理者举报。

当然也存在创意撞车的情况，要处理这种情况，对于中标作品，网站可以根据谁先交稿谁优先拥有中标权利的原则进行处理。因为两个相似的作品，如果后面的交稿与前面的稿件基本相似（包括创意与名称等），网站处理办法就是谁先交稿谁中标。虽然在某些时候威客心理不愉快，但是为什么不先交稿呢？问题还是在威客自己身上。他也无怨言了。

3. 其他综合问题共有三点。第一，威客的无证据乱举报。在公开交稿后，有些威客也会乱举报，凭借自己的臆想来判定事实。对于这种行为，网站需要进行相应的处理。如果确定是有严重恶意者，可以直接封号。

第二，关于威客与客户之间的纷争问题。公开交稿后，威客与客户之间的纷争会有一定的出现概率。目标从威客身上转移到客户身上。网站作为管理者，只需要把握有理有据的原则，采用客户认可，网站处理的流程。

第三，关于任务结束长时间未选稿的情况，网站可以采用投票、信誉积分与信誉值来平均处理奖金。比如有 20 个任务结束长时间未选稿，那么在这 20 个任务之中，选取投稿的达到一定信誉值的威客平分这 20 个任务的奖金。

支持公开交稿与反对公开交稿的威客分类

一般来说，支持公开交稿的多是些长期参与竞标的威客。而反对公开交稿的多是些刚加入的威客新手。此为经验之谈。威客网更应关注长期活动的威客，维护他们的利益。

可以类似拟订如下：

对于证据性举报者，接到举报后冻结奖金。

对于威客质疑客户作弊的任务，可以邀请客户在网上给予解释，做到透明化等。这些可以多参考 k68 规则，它们很有实效作用。

威客网按照拟订的原则办事，不必过于迁就威客与客户，按规则办事。言语要中肯。

在威客网中，隐藏交稿与公开交稿的按钮同时存在时，公开交稿如同虚设。人都有自私性，没有谁会愿意把能卖钱的知识透露给别人。

有创意就剽窃，威客网的诚信保障体系不仅仅建立在威客网站本身对规则的制定、监督和实施上，更重要的是一个全民范围内自我督促的意识，也就是威客网的诚信保障体系关键在于体制内的人心①。

一路走来，威客行业乃至整个中国的创意产业的自有诚信保障体系不断完善，至今一品威客网在网站的建设、任务量以及整个交易流程的担保等方面已经走在了行业的前沿，但是不得不说，中国人的诚信保障体系真的不是靠一个简单的体制约束就可以建立起来的。

早期的诚信保障体系

早期的威客网站的诚信体系建立在一个最基础的状态上，对于一品威

① 资料来源：刘岩，其笔名是“清风流雨”。

客网最常见的悬赏任务，雇主将赏金全额托管在威客网站，威客通过身份认证即可来投稿，最后雇主选择中标者。

这一套完全是照搬国外的先进理念，本来在国外还好好的，但是远渡重洋来到中国，立马就变了味道，对于中国这个“全民皆兵”的泱泱大国来说，相当于玩游戏开了作弊器，分分钟就解决了悬赏任务的难题……

此话从何说起，悬赏任务的核心点在于你的威客等级和信誉，其实以前很多雇主真的不是很懂创意这种东西，不像现在有的南方小企业家比威客都懂得如何驾驭消费者的眼球。也就是说，当初在威客网站上很多人都是用多个小号发任务，然后选择自己的大号中标，这样你就会看到个别的威客的能力增长以火箭般一路飙升，这也彻底麻痹了一些盲目崇尚等级的雇主。

招标任务崛起，威客说“不见兔子不撒鹰”

一品威客网算是比较早发现悬赏任务弊端的威客网站之一，也及时有了最新的举措，除了封杀刷单的大号外，还及时出台了招标任务。

何谓招标任务，雇主发布需求，威客们根据雇主的要求，先提供案例、报价和创作周期，雇主选择合适的威客，进一步沟通后，单独雇用威客，形成一对一的核心模式。

有人说招标任务并不能避免刷单啊？是的，一些滥竽充数的威客依然可以利用招标任务刷单，但是相比于悬赏任务，它能很好地保护威客的创意，威客不用再一边交稿一边担心自己的心血付之东流。

威客网是否真的有100％完善的诚信保障体系

威客网真的有100％完善的诚信保障体系吗？答案是否定的，以招标任务来说，由于托管赏金前为雇主和威客提供了单独沟通的机会，导致不少的雇主和威客转到站外交易，这无形中减少了网站的成交额，但事实是，对于一个没有第三方担保的交易而言，一旦出现问题，受害的一方只能自认倒霉。

如今虽然一品威客陆续出台了诚信积分、诚信保障担保金、诚信保障承诺等多项诚信保障业务，但是对于整个中国的大环境而言，真正让人担忧的是一个体系的推广和执行力度，一旦一个完善的诚信保障体系没有被很好地贯彻和执行，那么无论是体系内还是体系外，结果最终依然是不好的。

对于中国人而言，很多事情亦是如此，没有买卖就没有杀害，你不造假，别人又怎么买？你不买，又怎么会有那么多假货？真正的完美的诚信保障体系，重要的不是第三方的条框和规定，而是在实际操作过程中雇主、威客买卖双方的自我约束，雇主不会因为贪便宜而选择等级低、送服务、有回扣的威客中标；威客亦不要靠刷单、提供额外服务、恶意降低价格等手段去抢夺顾客……

对于中国的威客产业，可以大胆预测，如果威客、雇主大范围形成自我约束力，那么即使没有新的诚信保障体制出台，威客行业也依然会形成一个良好的成长态势；反之最终威客行业将面临着信誉危机，也就是老百姓常说的名声臭了。

威客要学会用事实说话，雇主要学会取舍

以文案行业为例，早期我刚接触软文的时候，几乎没有低于100元/篇的任务，现在呢？500元、200元、100元、50元、10元、5元、2元、1元，难道一篇软文的创意还没有图文社打字员的工作来得重要？

究其根本，问题在于威客间的恶意竞争，本来你有3篇软文的创意能够挣300元，但是你投了1元任务的标，也就说你绞尽脑汁的3个创意，最终只挣了3元，虽然好死不如赖活着，但是人要有活着的底线，千万不要为了眼前的蝇头小利迷失了自己。

对雇主而言，花 1 元、2 元、5 元买来的软文，充其量也就能走个量，但是对读者而言食之无味，可能还没有看到广告时间，就已经关闭页面了，这真的是雇主想要的结果吗?

所以对于中国的威客产业而言，威客要学会用事实说话，雇主要学会取舍，威客网的诚信保障体系关键在体制内的人心。

未来威客网站的发展

威客网站需要更加主动地出击

CCTV 春晚的质量一年不如一年，执导的导演欲哭无泪……如果 CCTV 领导头脑有些创意思维、互联网思维，其实可以在威客网站上悬赏招募节目策划、导演团队，把全国几千万威客们的智慧调动起来一起设计策划一台春晚，春晚何至于无趣至此呢?

问题就是机会。

威客网站可以寻找一些社会的痛点问题，主动设置一些吸引眼球的任务，让充满智慧的威客们有一个更大的、超常的发挥空间（比如前面说的为 CCTV 策划一场春晚节目），最大的受益方是威客网站自身：既然物色的问题是社会大众都关注的痛点问题，自然也就具有新闻价值，媒体会自动来进行报道，也就让尽可能多的人知道自己头疼的问题可以利用威客解决——比如 CCTV 的领导和春晚总导演。

这种威客网站主动设置的任务，也体现了威客网站作为企业的社会责任感。

威客网站社会化

未来，威客网站将会与社交网站、招聘网站融合、接近，就好像现在微博与微信越来越相像。

威客网站天生就要成为社交化企业。社交企业最具竞争力的地方就在于它们能够及时采取客户（威客、雇主）参与式的经营策略，从那些积极参与公司经营管理、使用或购买公司产品、享受公司服务乃至与公司相关的行业有密切关系的消费者那里获得第一手的反馈意见。

在数字媒体时代，企业的一举一动都处在舞台的中心，无论企业有没有意识到，越来越多的人已经开始行使监管和讨论企业行为的权利。针对企业的讨论可能由消费者发起，然后在他们中间快速传播，接着传到股东社区乃至整个社会，很久之后，这些论点才会引起商人和媒体关系专家的注意，因为这些讨论是通过不同的社交渠道进行的，而不是在一个媒体机构所指定的时间和地点发生的。

在威客网站，每个员工都是企业代言人。市场营销部门不再是管理公司品牌的唯一“声音”。公司各个部门的专业人士最终会形成公司的“声音”，再加上不同层面的股东的“声音”，这些因素会塑造和影响企业的品牌。正是由于有诸多因素的参与，管理企业的品牌所涉及的职责范围更广，管理的内容也更复杂。

威客网站的社交性越来越好，这对威客、雇主和网站三方会是一个多赢的局面。威客可以更好地展示自己的能力（通过自己以往完成的作品和老雇主的正面评价），向潜在雇主推销自己。雇主企业则可以把威客网站作为自己招聘人才的一个最好渠道，因为在未来会有越来越多的员工选择在家工作，这样他们的幸福感更高。既然如此，威客与员工的身份差异会越来越模糊，雇用威客既可以降低企业用人成本又可以最大化地汲取社会智慧，当然会越来越受企业青睐。威客从雇主以往的社交历史判断雇主的诚信度，从其他威客同行身上学习经验智慧……雇主能得益于社交性更高的威客网站，找到更加适合自己的威客。

社交化可以提升威客网站企业自身的管理。要取得真正的成功，公司在顾客至上的管理方面付出的努力不应只限于官方的组织层面。相反，公司的整个价值链必须群策群力。这条价值链上包括产品或服务的终端用户还有产品供应链组成部分的其他公司，社交媒体给价值链上的每一环节都提供了一种可以和自己的客户保持联系的工具。员工参与决策过程会产生额外的效果。当员工亲自构思、形成和评估观点时，他们在执行中会投入更多精力。同时，他们也会对公司的战略前景更加敏感，可以更好地决定哪个项目和活动更有希望。

网络已经从一个寻找信息的地方，转变成了一个分享信息的地方，从摄取内容信息的地方，转变成了每个用户都可以畅所欲言、积极参与的场所。这些改变完全颠覆了传统意义上的市场营销、企业传媒、销售和客服的角色。让用户感兴趣非常重要。内容在这个过程中起核心作用，它的价值在于实现对话和交流。交流正是客户与公司建立关系并决定购买产品的基础，也是公司留住客户，使他们支持品牌并为其做宣传的关键。

传统意义上组织的创新主要是一种孤立的行为，一个封闭的环——从内部策划到测试再到最后产品发布或推行新服务。如今，这个模式被打破了。我们已经明白封闭孤立是创新最大的障碍。应对挑战，催生新想法需要与持不同观点的人展开互动交流。

这就要求威客网站完善在线多种用户沟通工具，让用户最大限度地互相沟通，提升用户体验。要使用户能无阻碍地使用沟通交流工具，后续可以引进或者自行研发在线即时沟通工具，类似于淘宝的旺旺，为引导线上交易做好铺垫。

用户体验由简入繁

提升用户对平台的信任感，常用的度量标准是转化率和留存率。通过跟踪有百分之多少的用户被转化到下一个步骤，多少个用户在注册后仍然继续登录和使用网站，就能衡量并得到“用户体验”方面的参数。在用户体验上做到“由简入繁”，让用户能快速地了解网站核心功能，包括视觉、操作和服务等体验。

利用用户问卷调查分析问题，通过不定期针对不同类别用户的问卷调查摸清用户需求。

如果推出一个限时快速付款模式，相信会大大提升威客的体验感受。在大学生兼职群体里，很多人参与常见的淘宝刷单，其中一个原因就是佣金立即到账。而很多威客网站则是要等很长时间，如果推出限时快速付款模式，实际上就是做完商家的任务，检测威客任务是否合格，合格后能快速付款，比如一天时间，不让威客等太长的时间。这样减少了威客查看任务的时间，加快了其他任务的速度，也促进了威客网站上的交易活动金额数量的快速增长，促进了其他交易活动。

一品威客目前开始研发的下一代“社交一本地一移动”模式威客平台，基于移动互联网和大数据分析，重构威客平台功能和网络生态。平台将为威客提供与位置相关的在线互动、虚拟团队、在线商铺的组建和维护功能，方便拥有不同背景和技能的威客打破时空界限，在任何时间和地点都可以进行交流协作，以承担更多、更复杂的任务。同时，平台将提供有效的任务推荐和人才、团队推荐，帮助威客群体进行创业孵化，实现威客及团队从业余创意设计到创业的低风险无缝对接。该平台解决的主要技术难点和重点如下：

（1）如何基于大数据进行精准的威客人才推荐？如何构建基于社会网络的真实可靠的威客信用评级？系统将与移动终端结合，在用户身份可识别的基础上进行非实物交易，并基于海量的真实交易信息，对威客进行人才评鉴和信用评级，从而提升威客平台的可信度，降低威客交易的中间成本和风险。

（2）如何实现从威客到创业团队的飞跃？威客用户可在线上进行消息获取、团队组建、创业学习、风险评估等各项服务，这些服务可通过随时携带的智能终端直接迁移到线下的创新指导、团队协作、风投对接等活动，并进行无缝的连接。

(3) 如何基于移动互联网构建开放和分享的威客创业社会网络平台？开放和分享是移动互联网的核心特征，系统将提供开放的API接口，使得企业雇主、风险投资商等第三方机构能参与进来，为威客和威客团队提供更多的任务机会；同时，系统拥有的非实物创意素材、人才评定、信用评级信息库等，也将通过移动互联网随时随地共享给威客和创业团队。

该平台的创新点主要包括以下两个方面：

1. 技术创新。第一，针对传统服务平台信息割裂、功能较为单一等特点，本项目将利用移动感知技术获取威客的个性化数据，并从交易平台抽取相关的信息，构建大规模的综合信息库。信息库不仅能满足基本的信息发布、查询等功能，还能通过基础信息、抽取信息、行为信息等全方位地定义实体及实体之间的关系，从而支撑威客人才推荐、信用评级、威客创业孵化等综合应用。该平台在技术应用方面具有较高的新颖性。

第二，区别于传统的人才推荐方法，本项目充分考虑了人才推荐所特有的“互惠性”、“可得性”、“多样性”等问题，基于大数据的实体关联图进行更准确的建模和高效匹配，从而能对威客任务和人才团队进行更有效的推荐；同时，基于概率图模型，利用马尔科夫逻辑网动态的计算信息网络中每个节点的权重概率，进行人才评级和信用评估，具有较高的新颖性。

2. 模式创新。第一，项目所构建的新型威客平台，将有效扩大电子商务的范围，形成一个新的“无形商品”电子商务模式。该模式无需物流支撑，突破时间和空间的界限，是一种利用创意、设计、服务进行网络创业的创新形式，尤其能够激励威客进行基于智力的创意设计和产品的研发，提供了从“创意”到“创业”的无缝对接平台。

第二，交易模式的创新。项目将构建基于众包的新型威客平台，倡导直接雇佣的交易模式，通过商铺的任务速配、买卖撮合，让威客及团队在该平台上实现非实物交易，威客创业孵化，拓展威客任务范围，提高威客任务的质量，实现威客创业及风险投资的无缝对接。

第三，资源整合的创新。项目契合当前社会网络技术的发展，将非实物交易、任务定价、创意交易、人才推荐、任务推荐以及威客创业孵化等活动结合了起来，通过多方协作，合理地把多方资源整合在统一的威客平台，提供随时随地随需的全过程服务，提升威客平台整体质量，引导威客及团队进行模式升级，同时为威客创新创业提供有力支持。

后　记

本书名为《众包与威客》，写法上也采取了威客的写作方式，集大家的智慧，许多威客一起参与了本书的创作，在此需要对积极参与的朋友们表示感谢！

本书的写作也参考了不少相关作品、文献，包括从网上发现的信息、资料，基本都在参考文献或脚注里注明了出处，但还有少数资料来源比较模糊，未能注明。如果发现您的作品被引用而未注明出处，请联系我们。在此对这些被引用的专家和朋友表示衷心的感谢。

本书写作过程中，我们通过一品威客网平台发布了案例故事的征集活动，一品威客的许多内部职工也积极参加了这次“群策群力、汇聚众智”的写书活动，在此对他们的参与和支持表示衷心的谢意！

本书的写作思路、整体架构、主体写作以及全书的文责由两位署名编著者负责承担。读者朋友在阅读过程中如果发现任何错误、遗漏以及可以商榷修改的地方，欢迎与作者直接联系沟通，我们计划在未来的再版或新书写作中，把大家的意见和新的创意体现出来。威客领域是一个发展极其迅速的互联网领域，不断有新的理论、新的做法、新的故事涌现，我们不断学习、跟踪、整理、提炼新的规律性的知识，将它们分享给全国的威客朋友们，希望对大家在威客领域的创业创意可以有所帮助。

众包不仅可以在很大程度上帮助企业，对于政府组织、社会组织也可以发挥巨大的助益。希望此书可以在社会各个可能使用到众包、威客的领域得以传播，共同推动技术的进步、社会的进步。

黄国华 王强

2015 年 3 月 9 日

参考文献

[1] ［美］杰夫·豪. 众包［M］. 牛文静，译. 北京：中信出版社，2011.

[2]［美］文卡特·拉马斯瓦米，佛朗西斯·高哈特. 众包2——群体创造的力量［M］，王虎，译. 北京：中信出版社，2011.

[3]［美］理查德·哈德曼. 群体智慧：用团队解决难题［M］. 孙晓敏，薛刚，译. 北京：北京大学出版社，2014.

[4] 侯文华，郑海超. 众包竞赛——一把开启集体智慧的钥匙［M］. 北京：科学出版社，2012.

[5] 刘晓芳. 众包：微观时代［M］. 北京：商务印书馆，2011.

[6]［美］比兹·斯通. 一只小鸟告诉我的事［M］. 顾雨佳，译. 北京：中信出版社，2015.

[7]［美］卡迈恩·加洛. 黏住顾客：foursquare如何打造忠实客户群［M］. 陈丽芳，译. 北京：中信出版社，2013.

[8] 袁岳. 青春不应被浪费［M］. 上海：上海财经大学出版社，2014.

[9]［美］拉里·韦伯. 无处不在：社会化媒体时代管理面临的变革与挑战［M］. 郭亚文，译. 北京：中信出版社，2012.

[10] ［美］约瑟夫·米歇利. 星巴克体验［M］. 北京：中信出版社，2012.

[11] [美] 戴夫·柯本．超赞营销：社会化媒体擦亮品牌 [M]．北京：中国人民大学出版社，2012.

[12] [美] 威廉·庞德斯通．如何移动富士山 [M]．刘俊朝，译．北京：中信出版社，2014.

[13] [美] 肯·麦克阿瑟．粉丝倍增 [M]．钱峰，译．上海：立信会计出版社，2014.

[14] [英] 索尼娅·杰弗逊，莎伦·坦顿．内容营销：有价值的内容才是社会化媒体时代网络营销成功的关键 [M]．北京：企业管理出版社，2014.

[15] 李鲲．互联网思维重塑中国生产模式．新华网．

[16] 李智勇．互联网时代方法论：企业独裁与民主的边界．http://tech.sina.com.cn/zl/post/detail/i/2014-11-18/pid_8465068.htm.

[17] 众包军团：用低科技手段解决高科技问题．http://tech.ifeng.com/vc/detail_2014_08/11/38053336_0.shtml.

[18] 高博．李克强：构建面向人人的“众创空间”，激发亿万群众创造活力 [J]．科技日报．

2014 年获奖书目

《页岩革命：新能源亿万富豪背后的惊人故事》

2014 年百道网中国好书榜、新浪好书榜推荐。

《福布斯》年度好书，从美国页岩亿万富豪创业史透视一场深刻的新能源革命。

《经济运行的逻辑》

2014 年百道网中国好书榜、新浪好书榜、《第一财经日报》金融阅读榜、《新京报》书香榜等推荐。

资本市场最具影响力的宏观经济学家高善文研究思路大起底，中国经济的另类分析框架。

《互联网金融手册》

2014 年百道网中国好书榜、《新京报》书香榜、教育部“中国高校出版社书榜”推荐。

中国互联网金融理论奠基人谢平最新力作，互联网金融理论和实践集大成之作，互联网金融浪潮下不得不读之书。

《中国影子银行监管研究》

2014 年《第一财经日报》金融投资阅读榜推荐。

银监会副主席阎庆民最新力作，对“影子银行”问题最权威的研究之一，欲了解中国影子银行问题不得不读之书。

《富国的逻辑》

2014 年《第一财经日报》金融投资阅读榜推荐。

法律专家独特视角揭示价值观与金融权力之间的隐秘逻辑。

《如果巴西下雨，就买星巴克股票》

2014 年《第一财经日报》金融投资阅读榜推荐。

读懂财经新闻、把握股市逻辑的最佳读物，投资大师吉姆·罗杰斯倾力推荐。

《最有效的投资》

2014 年《第一财经日报》金融投资阅读榜推荐。

畅销多年的投资经典，简单有效的低风险投资技巧，每周一小时，战胜专业投资者。

财智精品阅读

01《经济运行的逻辑》(精装)

作者：高善文

资本市场最具影响力的宏观经济学家研究思路大起底，中国经济的另类分析框架。

02《互联网金融手册》(精装)

作者：谢平 邹传伟 刘海二

中国互联网金融理论奠基人最新力作，互联网金融理论和实践集大成之作，互联网金融浪潮下不得不读之书。

03《中国影子银行监管研究》(精装)

作者：阎庆民 李建华

银监会副主席阎庆民最新力作，对“影子银行”问题最权威的研究之一，了解中国影子银行问题不得不读。

04《经济指标解读》(珍藏版)

作者：伯纳德·鲍莫尔

投资者和职业经理人读懂经济数据必备，洞悉未来经济趋势和投资机会，对每一个经济指标的解读精妙、透彻。

05《如果巴西下雨，就买星巴克股票》

作者：彼得·纳瓦罗

读懂财经新闻、把握股市逻辑的最佳读物，投资大师吉姆·罗杰斯倾力推荐。

06《最有效的投资》

作者：阿兰·赫尔

畅销多年的投资经典，简单有效的低风险投资技巧，每周一小时，战胜专业投资者。

07《读懂经济指标 洞悉投资机会》

作者：埃维莉娜·M·泰纳

价值极高的投资和商业决策参考书，理解经济运行必备。

08《股市奇才不一样的技术分析》

作者：沃尔特·迪默

华尔街股市奇才半个世纪市场智慧的高度浓缩。

09《金融创新力》

作者：富兰克林·艾伦 格伦·雅戈

沃顿商学院顶级专家作品，理解和运用金融创新的精髓。

10《笑傲股市之成功故事》

作者：艾米·史密斯

讲述真实案例，帮助中小投资者学会实践投资宗师威廉·欧奈尔50年投资心得。

商界精品阅读

01《毁灭优秀公司的七宗罪》

作者：杰格迪什·N·谢斯

探寻优秀公司衰落的七大败因，菲利普·科特勒等管理大师鼎力推荐。

02《反向思考战胜经济周期》

作者：彼得·纳瓦罗

第一本专注于经济周期战略和策略管理的指导书，加州大学最受欢迎的MBA教授用商战故事讲述不一样的商业思维。

新声精品阅读

01《4G革命》

作者：斯科特·斯奈德

一场比互联网影响可能更大的无线技术革命已经来临，提供最具价值的4G时代商业建议。

02《页岩革命：新能源亿万富豪背后的惊人故事》

作者：格雷戈里·祖克曼

《福布斯》年度好书，从美国页岩亿万富豪创业史透视一场深刻的新能源革命。

重磅新书

供应链金融

宋华

中国人民大学商学院教授最新力作，互联网＋浪潮中实体经济与金融如何结合的深度阐释！集实践性、理论性、思想性、创新性为一体。

冯国经、余永定、丁俊发等众多专家一致推荐！

超级天使投资：捕捉未来商业机会的行动指南

【美】戴维·罗斯

硅谷创投元老作品

全面揭示挖掘未来明星企业九大方法，以及从种子轮到ABC轮的必做功课。

创业融资和股权投资必读！

徐小平、蔡文胜、里德·霍夫曼等投资大咖联合推荐！

大洗牌：全球金融秩序最后角力

【荷】米卫凌

欧洲金融家眼中的世界金融战争

被译成十几种语言引发全球热议，贲圣林、向松祚等经济学家热情推荐，新浪好书榜上榜图书。

图书在版编目（CIP）数据

众包与威客/黄国华，王强编著．—北京：中国人民大学出版社，2015.6
ISBN 978-7-300-21124-4

Ⅰ.①众… Ⅱ.①黄… ②王… Ⅲ.①电子商务—商业经营—中国 Ⅳ.①F724.6

中国版本图书馆CIP数据核字（2015）第075137号

众包与威客
黄国华　王强　编著
Zhongbao yu Weike

出版发行	中国人民大学出版社		
社　　址	北京中关村大街31号	**邮政编码**	100080
电　　话	010－62511242（总编室）		010－62511770（质管部）
	010－82501766（邮购部）		010－62514148（门市部）
	010－62515195（发行公司）		010－62515275（盗版举报）
网　　址	http://www.crup.com.cn		
经　　销	新华书店		
印　　刷	北京宏伟双华印刷有限公司		
开　　本	720 mm×1000 mm　1/16	**版　　次**	2015年8月第1版
印　　张	17.75	**印　　次**	2024年6月第3次印刷
字　　数	217 000	**定　　价**	78.00元